KB071663

나는
울릉도 사내

홍상표 칼럼집

도서출판
청어

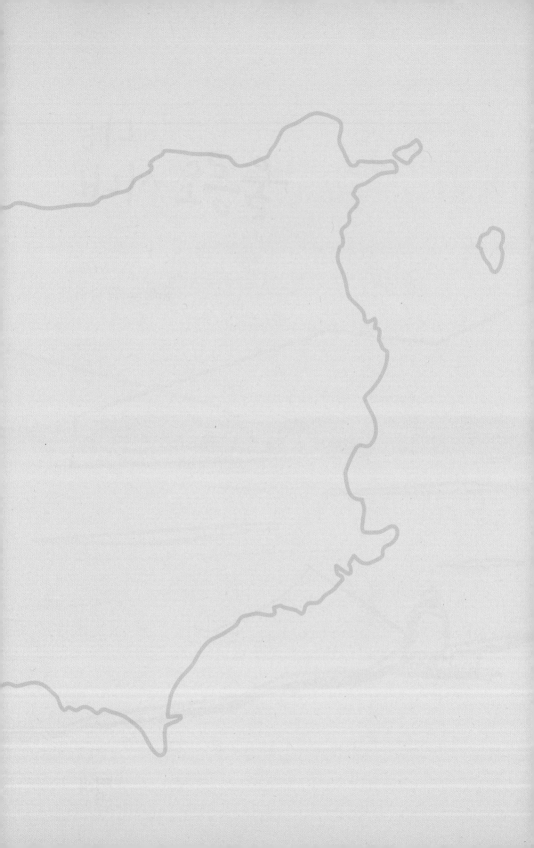

나는 울릉도 사내

홍상표 칼럼집

친우 홍상표의 첫 저서 발간을 축하하며…

정성수(시인 · 한국문인협회 부이사장)

친우 홍상표의 첫 저서 『나는 울릉도 사내』의 상재를 축하한다.

수필가 홍상표는 일찍이 고1 때 나와 함께 산문 동인지 《엉겅퀴》의 동인으로 활동했고 그 당시에 수필로 '학원문학상'을 두 번이나 받은 문학 소년이었다.

그러나
대학에서 진로를 바꾸어 경제활동에 몰입한 전문 사업가.

이제 팔순을 눈앞에 두고
다시 문학의 품으로 돌아왔으니, 문학의 길은 참으로 멀고도 멀다.

저자의 사물과 세상을
바라보는 진정성과 깊이, 겸허함은 지극히 평화롭고 따뜻하고 슬기롭다.

이 수필집에 이어 좀 더 사실적인 자전적 수필집이 나오게 된다 하니, 곁에서 지켜보는 친구로서 실로 기쁘고 유쾌하기 이를 데 없다.

부디 그의 수필집이 이 세상 미지의 독자들에게 따뜻하게 다가가는 아름다운 감동의 전율이 되기를 빈다.

축하,
축하!

2023년 설날 무렵
칠읍산 자락에서

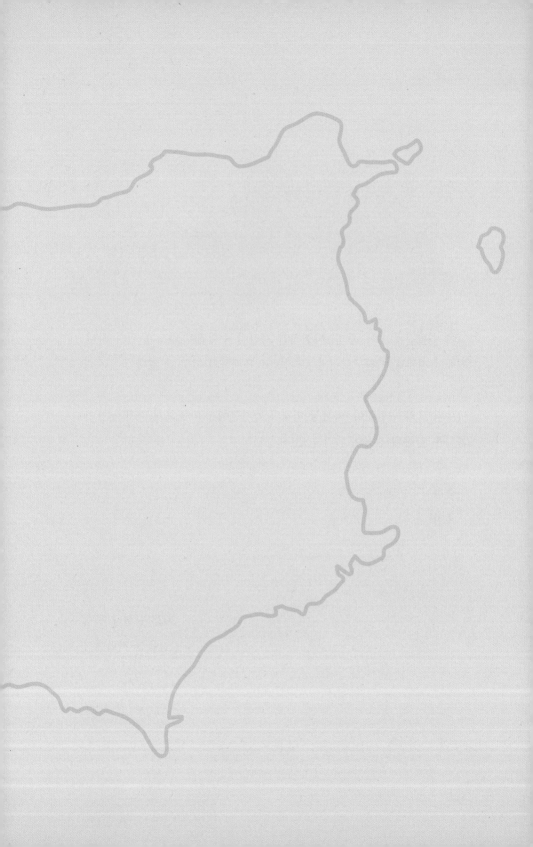

어쩌면 나는 섬에 포위된 채 한평생을 살아왔는지도 모른다.

비록 삶의 터전은 육지였지만 마음속 심연深淵에는 섬과 바다가 늘 껌 딱지처럼 내 곁에 붙어 다니고 있었다. 왜 그토록 오랜 세월 질기게도 나를 놓아주지 않았는지 지금도 잘 모르겠다. 나 혼자만이 간직한 유년 시절의 그리움 때문이었을까? 아니면 원초原初부터 내 영혼을 거기에 두고 떠나온 것이었을까? 그곳은 동해의 먼 끝 쪽 섬 은둔의 소왕국 '울릉도鬱陵島'다.

그래서일까, "울릉도를 사랑하는 사랑방 모임"인 '울사모' 카페를 15년간 운영하며 오늘도 울릉도와 함께 아침을 열고 있으니 전생에 난 이 섬의 노예가 틀림없으리라. 울릉도에 그 어떤 이슈가 있을 때면 조금씩 써왔던 글들이 꽤 모였다. 오래전에 써둔 것들이어서 시사성이 떨어지긴 하나 내 나름대로 한 번쯤 정리하고 싶었다.

언제나 내 영혼은 바람을 타고 귀향歸鄉의 해로海路를 찾아 헤매어왔다. 이제는 돌아갈 수 없지만 삶이 다할 때까지 내 마음을 실은 해풍海風은 흔적 없는 바닷길을 더듬고 또 더듬어 그곳을 찾아갈 것이다.

2023년 2월

홍상표

목차

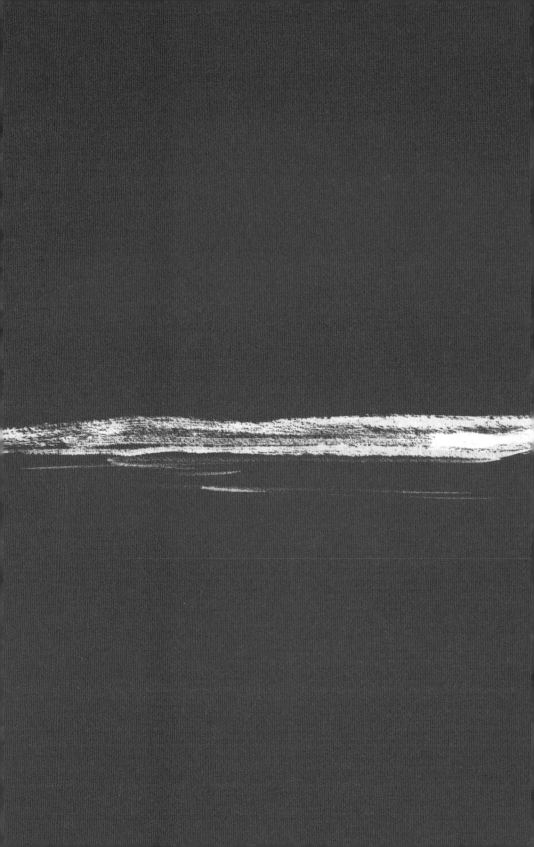

나는 울릉도 사내

홍상표 칼럼집

이경종 선생

지난 5월 16일 조간신문에 "제자 위해 온몸 던진… 아, 선생님!"의 기사가 났다. 15일이 스승의 날이어서 때맞춰 낸 기사인가 했더니 교육인적자원부가 스승의 날을 맞이하여 전국에 흩어져 있는 사도비師道碑의 현황을 담은 책자를 발간하여 이를 기사화한 것이었다.

책 이름은 『영원한 만남, 우리의 스승』이었다. 사도비라고 하였으니 이무슨 뜻인지 인생 60이 넘도록 들어 본 적이 없으니 참으로 부끄럽기도 하고 민망하기도 하다. 즉 '참 스승이 간 길을 기리는 기념비'라는 그런 의미가 아닐는지? 한문이 부기 되어 있지 않았다면 도무지 본래의 의미를 알 수 없는 이 사도비가 전국에 200여 곳이나 있다고 한다.

가을 소풍 때 산을 오르다 굴러 내려오던 돌덩이를 온몸으로 막아 제자들을 구하고 순직한 전북 성내초교의 한상신 교사, 물에 빠진 열 살짜리 제자를 구하고 순직한 부산 구포초교의 이춘길 교사, 일제의 말살 정책에도 굴하지 않고 한글을 가르치다 남해의 한 섬으로 유배된 우송 고광욱 선생, 일제강점기 민족정신을 일깨우다 교사로 강등되고 투옥까지 됐지만, 장학금을 만들어 후학을 양성한 전북 산서초교 오진상 교장의 사례가 나와 있다.

이 책을 읽고 싶어 교보문고 홈페이지에 바로 들어가 책 주문을 시도하였으나 책 이름이 아직 등록되지 않아서인지 실패하였다. 며칠 있다가 다시 시도해보기로 하자. 그 책 속에 천부의 '만덕호' 이야기가 기술되어 있는지 궁금해서이다.

그래 언제이던가, 나의 초등학교 친구인 이용기가 '만덕호' 이야기를 실감 나게 설명하던 기억이 났다. 그랬다. 천부초등학교 이경종 선생이었다. 1976년 1월 17일 오후 4시경 도동에서 천부로 돌아오는 만덕호가 천부항으로 들어오려다가 바위에 부딪혀 배가 난파되었고, 이때 초등학생 두 명을 구해 바위로 옮겨놓고서는 정작 본인은 지쳐서 순직한 참사가 바로 그것이다.

이경종 선생은 대구가 고향이고 대구사범을 나와서 오지인 울릉도, 그것도 도동에서 한참 떨어진 천부의 6학년 담임을 맡고 있었고, 제자 두 명이 등록비가 없어서 중학교 진학을 포기하자 학부모로부터 금전을 차용하여 이를 도동에 있는 농협에 등록금을 대신 납부하고 돌아오는 도중에 일어난 참변이었다. 벌써 30년이 지난 세월이다.

오늘 천부에 와서 천부초등학교에 있는 이경종 선생의 사도비 앞에 서 있다. 1976년 4월 국민훈장 목련장이 추서되었고, 그 해 경북도 교육위원회에서 순직비를 건립하여 스승의 참사랑을 심어주고 있는 그곳이다.

숙연하다 못해 세찬 겨울바람의 천부 앞 바다가 자꾸만 떠오른다.

"푸른 파도가 넘실거린다. 높새바람이 분다. 넘실거리는 파도를 들여다보면 어른거리는 모습이 있다. 우는 바람 고요히 귀를 기울이면 애끊는 흐느낌이 들려온다."

천부에 있다는 이경종 선생의 '사도비' 안내 표시판을 아무리 찾아보아도 보이지 않는다. 울릉도의 동네를 소개하는 안내판도 좋고, 명소 관광지 안내판도 좋지만 참된 스승을 기리는 사도비 안내판이 없다는 것이 못내 쓸쓸하기만 하다.

● 이경종(李京鐘) 선생 순직비가 이끼가 긴 채, 낙엽이 뒹구는 속에 긴 세월을 보내고 있다.

장금이 음식과 울릉도 향토 음식

2008년 9월 24일 "향토 음식 활성화를 위한 체험교육"의 전 과정을 마친 수료생들이 수료증을 받고 음식 품평회도 가졌다는 소식이다. 4개월에 걸친 노력의 산물이다. 품평회에 나온 음식 이름만 봐도 입맛이 돌 만 한 다양한 메뉴가 준비된 듯하다. 울릉도의 주부들이 무언가를 만들어 내보자는 의지와 울릉군이 약간의 뒷바라지를 한 결과인 것 같다.

'산나물 장아찌 비빔밥', '엉겅퀴 해장국', '울릉도 더덕 불고기와 육장', '특별한 오징어 무침회', '대나무통 따개비밥' 등 약 30여 종류가 새롭게 선을 보였다.

체험교육뿐만 아니라 지난 6월에는 "향토 음식 개발·육성 경진대회"를 울릉군에서 개최하겠다고 공고한 바 있다. 울릉도에서 나오는 특산물을 활용해서 향토 음식을 개발하고 이를 관광상품화 하려는 것이라고 했다. 본선에 진출한 20명의 명단과 품목이 이미 발표되었다.

몇 가지 주요 품목을 보면 '약소회 비빔밥', '울릉 해양심층수로 만든 흑黑호박 동동주', '삼선암 국수', '꽁치 오징어 순대', '오징어 다시마 삼나물 말이' 등등이다. 10월 우산문화제 시기에 향토 음식을 만들고 품평회를 거친 다음에 수상자를 발표할 예정이라고 한다.

2008년 5월 8일자 중앙일보에 서울관광마케팅의 구삼열 초대 사장의 인터뷰 기사가 매우 감동적으로 다가온 적이 있었다. 서울관광마케팅㈜은 서울시 관광객 유치를 위해 만들어졌고 이를 위한 마케팅 및 홍보활동을 위해 서울시와 대한항공, 신라호텔, 롯데관광 등 관련 업체의 공동으로 106억 원을 출자해서 만든 회사라고 한다.

이 회사의 구삼열 사장은 "관광 서울의 경쟁력은 식당과 음식부터"라고 외치면서 서울을 찾은 외국인들은 드라마 '대장금'의 장금이가 만든 음식을 서울 어디에서 맛볼 수 있는지 궁금해한다고 한다. 사실 여행을 다니다 보면 먹는 것이 그 무엇보다 으뜸이 아니겠는가?

수년 전 4월쯤이었나 보다. 환갑 기념으로 대학 친구들과 함께 고향에 다녀올 기회가 있었다. 물론 패키지 투어로 다녀온 것이지만, 도동항구에 있는 어느 호텔에서 식사한 적이 있었다. 바짝 마르고 질겨서 씹기도 거북한 나물과 먹기에도 민망한 꽁치 한 토막(아마 통조림이었던 같다) 그리고 몇 가지 마른반찬이 전부였던 같다. 배식 쟁반을 들고 이곳저곳을 돌던 난 갑자기 얼굴이 화끈 달아오르면서 친구들의 반응이 어떤지 그들의 표정을 조심스럽게 살펴보았던 일이 떠오른다.

이뿐만 아니다. 꽤 유명하게 알려진 울릉도의 어느 식당을 서울에서 예약을 하고 현지에 사는 고향 친구 열 명 정도가 같이 갔음에도 불구하고 주인이고 종업원이고 어느 누구 하나 무엇을 들겠느냐는 등 일언반구도 없이 일방적으로 쇠고기를 담아내 놓았다. 자세히 보니 쇠고기의 어느 특정 부분도 아닌 잡탕이었다.

나중에 안 사실이지만 울릉도에서는 고객이 원하는 부위별로 판매를 하는 것이 아니고 무조건 '모둠'을 억지 춘향 격으로 받아들여야 한다고 했다. 그러나 당시 이런 사정을 모르는 나는 몹시 화가 났으나 어쩌겠는가? 울릉도가 고향인 나로서 그냥 묵묵부답으로 맛없는 고기나마 약소인 양 먹고 나온 기억이 난다. 울릉도의 약소는커녕 육지의 여느 한우만도 못한 고기 맛이었다.

난 오랫동안 일본 출장을 자주 다니고, 이름깨나 있는 여행지도 많이 다녀온 편이어서 일본을 조금은 알고 있는 편인데 대개의 일본 관광지

여관들은 공통된 고객 서비스가 있다. 고객이 샤워를 마치고 방에 들어오면 다다미방에는 이미 풀코스 요리가 가지런히 놓인 식탁이 준비되어 있으며 입맛을 돋게 하는 각종 요리가 가지런히 놓여있다. 냉장고에 있는 맥주도 꺼내서 한잔 마시고 필요하면 도미회도 주문하면 앙증스럽고 깔끔하게 디자인되어 나온다. 도쿄나 오사카의 도시부터 시골 가고시마의 이브스키에 이르기까지 음식의 수준이 대동소이하다. 어느 한 곳 음식으로 인해 불쾌했던 기억이 별로 없을 정도이다.

울릉도에도 일본처럼 멋진 서비스와 음식으로 품격을 높이라고 요구하는 것은 현실적으로 어려울지 모르겠다. 그러나 관광을 한 단계 업그레이드하여 관광의 부가가치를 높이려면 누군가가 나서서 진작 버렸어야 할 나쁜 관행을 과감히 던져 버리고 21세기에 맞는 관광으로 바뀌어야 할 때가 온 것은 아닌지 모르겠다.

이제 울릉도 주부들이 향토 음식을 본격적으로 공부하고 실현화하려는 것이다. 이렇게 개발한 멋진 음식을 구체적으로 어떻게 응용하고 실현할 것인지 참 궁금하다. 즉, 관광객들에게 어떤 장소에서 어떤 요리를 어떤 서비스로써 내놓을 것인가를 같이 연구해야 할 것이다.

단품 메뉴로 식당에서 판매할 수 있을 것인가 아니면 호텔이나 여관에서 코스 요리로 적합한 것인가 등을 면밀히 검토해야 한다. 좋은 음식을 개발해 놓고도 이를 실현시킬 수 없다면 무슨 의미가 있겠는가? 복잡하게 생각하지 말자. 우선 일본을 벤치마킹하여 저녁상만이라도 일본식으로 서비스해보면 어떨지…. 여기에 안주인이 시원한 맥주 한 병을 들고 "안녕하세요"라고 밝은 미소로 인사를 한다면 금상첨화가 아니겠는가? 별로 어려운 일이 아닌데도 말이다.

서울에 온 관광객이 '장금'이 음식을 먹고 싶다고 한다면 울릉도에 온 관광객은 무엇을 먹고 싶다고 할 것인가? "울릉도 관광의 경쟁력은 식당

● 향토 음식 활성화를 위한 체험교육의 전 과정을 마친 수료생들.

과 음식부터"라고 외쳐도 될 것인가. 이제 이들이 있기에 변화를 기대해도 좋을 것 같다.

젊고 꿈이 있는 젊은이들이 변화의 깃발을 들고나올 것 같아서 기분이 상쾌하다.

나는 울릉도 사내

이창호와 박경원

지난 3월 26일, 거제도의 해안선을 둘러보고 외도를 다녀왔다. 주위 사람들로부터 '외도' 이야기를 너무나 많이 들었던 터라 한 번은 꼭 가고 싶은 곳이었는데 마침 날씨가 쾌청하여 모두 어린아이처럼 즐거워했다.

약간 쌀쌀한 날씨임에도 겹동백과 홑동백, 핑크빛 동백이 한창이었다. 외도를 오르는 길 위에는 붉은 꽃잎들이 손님맞이를 하는 듯 여기저기 흩뿌려져 있고 상쾌한 공기와 함께 모두 즐거운 표정이다.

외도는 동서도 4만여 평의 섬에 1만 3천 평을 개간하여 일궈 놓은 식물공원이다. 식물의 종류가 750여 종으로 구성되어 있다고 한다. 거제도 일대의 관광지 중에서 모두 꼭 들르고 싶어 하는 으뜸 관광지이다.

설립자 '이창호' 씨는 고려대학교 수학과를 졸업하고 오랫동안 교직 생활을 하였으며 69년에 바다낚시를 갔다가 풍랑으로 인해 외도에 피신한 것이 인연이 되었고 이후 부인 최호숙 씨와 함께 피눈물 나는 노력으로 오늘의 식물원으로 성장하게 된 각종 묘목을 심었고 이를 가꾼 지 30여 년 만에 황금알을 낳는 해상식물원으로 탈바꿈하게 된 것이라고 한다.

외도는 주변 경관이 참으로 아름답다. 남해의 '해금강'이 바로 지척이고 한려 해상 국립공원 안에 있어서 쪽빛 남해바다와 더불어 풍관이 수려하다. 위치 또한 거제도에서 불과 4km의 가까운 거리에 있다.

곽동 몽돌해수욕장에서 출항하는 신편 외에도 하루에도 수십 척의 유람선이 외도와 해금강을 오가는 여섯 곳의 항구는 황금어항임에 틀림없을 것 같다. 1인당 1만 5천 원의 유람선 이용료, 외도 입장료 8천 원, 연평균 입장객이 1백만을 넘은 지가 이미 오래전이라고 하니 단순 계산을 해도 유람선 이용료 100억 원과 입장료 80억 원 정도가 연간 수입이 된다. 이외에도 식당, 숙박업 등 고용효과 또한 클 수밖에 없을 것이다. 이창호 부부가 개발해 놓은 식물원이 이제 와서 거제도 일대에 엄청난 경제적 이익을 가져다주는 효자로 탈바꿈하게 된 것이다.

● 각종 조각과 섬개야광나무 앞에 서 있는 박경원 원장.

울릉도의 북면 현포리에는 2007년에 개장한 '울릉분재식물원'이 있다. 이제는 '울릉예림원'으로 이름을 바꾸고 새로운 모습으로 탈바꿈하는 작업이 계속 진행 중에 있다. 이곳 개척자는 울릉도 해양경찰서 출신 박경원 원장이다. 어찌어찌하다가 울릉도에 전근을 오게 되었고 울릉도에 미쳐서 이곳에 온 지 7년 만에 현포 평리에 꿈을 심기 시작했다고 한다. 4,000평 규모의 예림원에 박경원 원장의 정성이 깃든 아기자기한 볼거리가 하나씩 둘씩 만들어지고 있는 것이다. 남해에 외도가 있다면 동해에는 울릉도가 있다는 듯이 말이다.

울릉도 자생 식물 분재가 300여 점이나 모였다. 이 중에는 100년에서 500년이나 되는 분재가 27점이나 된다고 한다. 야생화 분재도 약 350점이 된다고 한다. 몽돌해변이 바로 눈앞에 보이고, 멀리에는 공암도 보인다. 풍관이 좋다. 이뿐만이 아니다. 울릉도 화산석으로 만들어진 여러 조형물도 추억거리 만들기에 일조를 하고 있다. 페루의 리마 교외에 있는

● 울릉예림원.

피치카막 계곡의 '사랑바위'처럼 이곳에도 연인바위가 연인들을 유혹하고 있다.

또한 박원장 특유의 목조각 작품과 사진 작품, 서예 작품 등 볼거리가 많아 종합적인 예술원 같은 곳이다. 4천 평이 아니라 4만 평으로 넓혀서 이곳을 울릉도의 최고명소로 만드는 날, '울릉예림원'을 보기 위해 몰려드는 수많은 관광객이 연간 20만 명이 아니라 100만 명이 될 때, 외도의 이창호처럼 우리는 박경원을 그리워할지도 모르겠다. 그는 진정 울릉도를 사랑했고, 울릉도의 볼거리를 해결해준 우리의 은인이었다고 말이다.

섬개야광나무

달빛이 고운 밤에 살며시 들여다보면 광채가 난다는 나무가 '섬개야광나무'다. 국내에서는 멸종위기 희귀식물이 되었으나 미국 식물원에 있다는 보도가 조선일보 2008년 7월 7일 기사가 나왔다.

미국 보스턴에 있는 하버드대의 아놀드 수목원에 한국의 국립생물자원관 식물조사팀이 100ha 남짓한 이 수목원을 보름 동안 샅샅이 훑은 끝에 이곳에 심어진 전체 나무와 풀 가운데 4%가량이 한국산으로 확인되었다고 했다. 여기에서 바로 멸종 위기종인 섬개야광나무도 발견했다는 것이다.

발음하기도 쉽지 않은 이 '섬개야광나무'를 비롯하여 한란, 나도풍란, 광릉요강꽃, 매화마름, 돌매화나무 등 6종이 멸종의 위기를 맞이한 식물들이라고 한다.

● 울릉도 도동에서 동쪽으로 20분 내외의 가까운 '사구남' 쪽에 '섬개야광나무' 군락지가 지정 보호되고 있다. 1962년도에 천연기념물 제51호로 지정된 곳이다.

이 '섬개야광나무'는 미국의 아놀드 수목원까지 애써 가지 않더라도 울릉도에 자생하고 있어서 쉽게 찾을 수 있다.

초등학교 시절 친구 윤경수와 백제원이 사구남 바닷가에 살고 있어서 간혹 험한 사구남 고개를 넘어 내려가면 큰 바윗덩어리가 협곡에 서로 엉키어 나뒹굴고 있고 망자를 태우는 연기가 자주 보이던 화장터이기도 해서 지나가기가 으스스한 골짜기였다. 안개가 자욱한 사구남으로 넘어가는 산꼭대기에 급경사로 된 계단 같은 길이 하도 험해 가슴을 바짝 땅에 붙이고 산을 기어오르던 기억이 떠오른다.

도동항구에서 왼쪽으로 난 행남대 산책로와 달리 이곳도 행남대 방향으로 가는 길이다. 사구남의 지정 보호 구역에 가서 섬개야광나무의 군락지를 찾아보는 것이 쉽지만은 않다. 차라리 현포리의 '울릉예림원'에 가서 잘 보존된 '섬개야광나무'를 보는 것이 훨씬 빠를지 모르겠다.

울릉도에는 희귀식물이 꽤 많이 있는 것 같다. 희귀 및 멸종 식물 37호인 '섬말나리'만 해도 세계에서 보기 드문 울릉도 자생의 노란색 나리꽃이 아닌가? 2004년도에 대구은행이 주관하고 푸른울릉도독도가꾸기모임이 나리분지에 수백 개의 '섬말나리' 복원행사를 했다고 한다.

세계에서 유일하게 울릉도에서 자생하는 '섬시호'는 어떤가? 1916년에 발견되었으나 이미 멸종된 줄 알았던 섬시호가 아직도 울릉도에 자생하고 있다는 소식도 몇 해 전에 들은 바 있다.

이뿐만 아니다. '섬현삼', '고란초' 등과 같은 울릉도 자생의 이런 식물들을 지금이라도 보호하고 복원작업을 계속하여 자원의 보호는 물론이고 관광자원화 하는 방안도 좋을 듯하다.

울릉도를 찾는 관광객들이 바닷가 바위틈에 자생하는 '왕해국', '노란털머위'나 '마가목'을 보았을 때 마치 이국에 온 기분이 들지 않았을까? 육지에서 흔히 볼 수 있는 꽃과 나무들이 아닐 때 관광객은 해외에 나온 듯 비로소 자유로움을 느낄 수 있기 때문이다.

이들 희귀식물이나 멸종위기 식물이 과감하게 복원되어 온 울릉도를 수놓을 날을 기대해 본다. 또한 이런 희귀식물을 대량 생산하여 육지로 세계로 판매를 한다면 농가소득에도 보탬이 되지 않을까?

제주도가 남의 일 같지 아니한 것은

● 멀리 뒤쪽으로 보이는 도동터미널에 관광객들이 가져온 자동차가 가득하다.

　7월 28일 동아일보 '기자의 눈' 난에 임재영 기자가 쓴 "바가지요금 못 막을 거면 그만둬"라는 기사가 눈에 확 들어온다. 김태환 제주지사가 해수욕장 바가지요금을 사전에 막지 못한 책임을 물어 김 모 해양수산 국장을 전격 직위 해제했다는 내용이다.

　"제주 관광이 비싸다"는 얘기는 끊임없이 흘러나왔고, 이를 해결하지 않고서는 제주관광업계가 공멸할 것이라는 위기감이 이미 고조되던 때였다. 제주도는 이를 해결하기 위해 관광호텔, 휴양펜션, 관광지, 박물관, 공연장, 골프장 등에서 줄줄이 가격을 내려 관광객의 만족도가 높아지는 시기였다. 이때 다시 바가지요금이 재차 발생하자 책임을 물은 것이다.

　2006년 7월 오랜 진통 끝에 제주도가 특별자치도가 되었고, 많은 제주도민은 빠른 시일 내에 세계 최고의 휴양지 관광섬을 만들겠다는 의

욕이 넘쳐 있었다. 그러나 '특별자치도 법률'의 잉크도 마르기도 전에 벌써 걱정을 하는 소리가 여기저기서 나오고 있다는 소식이다. 내용을 보면 울릉도와 유사한 점이 매우 많은 것 같아서 안타까운 생각이 들었다.

울릉도에는 골프장이 한 곳도 없는 터라 비교하기가 어려울지 모르겠으나 제주도에는 현재 골프장이 21개에, 공사 중인 것을 포함하면 곧 42개가 된다고 한다. 골프장 건설이야말로 휴양지 관광섬의 첫 발걸음이 되는 것은 세계적인 추세이고 이는 어쩌면 당연한 것인지도 모르겠다.

많은 사람이 해외로 골프 관광을 가는 것만 보아도 분명한 일이다. 이 골프장이 최근에 애물단지가 되고 있다고 한다. 한라산 중턱에 위치한 레이크힐스 골프장의 회원권이 5년 전에 2억 5천만 원에 분양하였으나 최근에 다시 3천만 원에 분양을 하게 되었고, 2006년 한해에 54억 원의 적자가 났다고 한다.

대한민국에서 골프장회원권 시세가 떨어지고 적자운영이 되고 있다는 소식을 누가 믿겠는가? 이유는 의외로 간단했다. 제주를 찾는 사람이 없어서 가치가 떨어지고 적자를 봤다는 것이다.

대한항공, 아시아나, 제주항공 등 언제든지 오갈 수 있는 공항이 있어서 접근성이 매우 뛰어나고, 세계적인 관광섬으로 만들고자 정부가 특별자치도까지 만들어 준 섬이 아닌가? 이런 곳이 찾는 사람이 없어서 골프회원권의 가치가 무려 1/8로 떨어졌다는 것이다.

골프장도 많고, 관광코스도 잘 되어 있고, 먹거리가 풍부한 제주도가 이런 실정이라면 누가 믿을 것인가? 그러나 이는 엄연한 현실이며 이유는 단 하나 '비싼 제주도'이기 때문이라는 것이다.

울릉도라고 예외일 수 없는 것이고 보면 은근히 걱정이 앞선다. 군 당국은 제주도를 타산지석으로 삼아 치밀한 준비를 하고 있는지 모르겠다. 서울 내가 고향에 다니러 가도 미친가격다. 서울에서 묵호끼지 3시간, 다시 배로 2시간 반, 일본이나 중국은 물론이고 홍콩이나 사이판 가는 것보다 더 시간이 걸린다. 게다가 요금은 또 얼마나 비싼가? 몇 년 전에 울릉도에 갔을 때였다. 부두에서 관광객으로 보이는 어느 남자분이 무거운 소주 박스를 양손에 들고 배에서 내리는 것을 본 적이 있었다. 난 의아해했다. 소주까지 박스째로 사 가지고 오다니 한동안 소주박스를 든 그 관광객이 뇌리를 떠나지 않은 적이 있었다.

올해 초 오랜만에 고향에 가려고 묵호 터미널까지 갔다가 10시 출항 배가 아침 8시 50분이 되어서야 파도가 높아서 뜨지 못한다는 것이다. 학창 시절의 나는 포항에서 보름이나 묶여있던 일도 수 차례 있고 하여 꽤 익숙해 있던 터라 아무런 불만 없이 당일 돌아오고 말았지만 많은 관광객이 풀이 죽은 채 다시 버스에 오르는 것을 보니 한국드림관광의 이정환 회장의 얼굴이 떠올랐다. 많은 관광객을 유치하여 간다는데 이분들을 어찌할 것인가? 묵호에서 하룻밤 자고 내일 울릉도로 간다면 비용은 누가 부담할 것인지 공연히 내가 불안했다.

울릉도는 항공편 없이 선박에만 의지해야 하는 실정이어서 파도가 높아 결항한 횟수가 2005년에 86회, 2006년에 74회나 되었으니 결국, 관광객이 올 수 있는 기간이라고 해야 고작 6~7개월 정도밖에 안 되어 나처럼 터미널까지 갔다가 돌아와야 한다면 누가 쉬 울릉도에 갈 수 있겠는가? 짜인 스케줄대로 빈틈없이 움직이는 현대인에게는 전혀 맞지 않는 여행이 될 것은 뻔한 이치가 아니겠는가?

"제주의 캐치프레이즈가 '아름다운 제주'가 아니라 '비싼 제주'인 것 같다. 각종 입장료도 비싸고, 특히 음식값 부담이 크다. 그래서 해외 관광객 유치는커녕 국내 관광객도 해외로 빼앗기고 있는 형편이다"라는 어느 관광객의 푸념이 와 닿는 것은 제주도를 울릉도로 바꾸어 읽어보면 딱 들어맞지나 않을지 모르겠다.

마루보시丸帽가 그리운 것은

며칠 전 민주당 이낙연 의원이 도서지방의 택배비 지원법을 발의하였다는 대구일보 기사를 본 적이 있다.

이의원은 "물류비 지원은 고품질의 농·축산물을 생산해 놓고도 유통환경이 불리해 판매에 어려움을 겪고 있는 섬 지역 주민들에게 꼭 필

● 부두에서 화물선이나 연락선까지 사람과 화물을 나르던 '하시게'(전마선).

요한 입법"이라며 "법안이 통과될 경우 연간 60억·70억 원의 지원이 가능할 것"이라고 밝혔다. 도서지방에 꼭 필요한 법안임에 틀림이 없는 것 같다.

작년 1월 단골 이발소의 탁자에 앉아 순서를 기다리고 있는데 농민신문이 눈에 들어왔다. 옛날 농협에서 발간되던 '새농민'과 학원사에서 발간하던 농민 관련 월간 잡지 이외에는 농민신문을 본 적이 없었던 터라 그냥 지나치려고 하였으나 기다리는 시간이 무료하고 해서 여러 면을 뒤적이고 있는데 "농산물 택배비, 군에서 절반을 지원해드립니다"라는 글이 눈에 들어왔다.

음성군은 음성 청결고추, 햇사레 복숭아, 다올찬 쌀과 같은 농산물이 인터넷 등을 통해 소비자와의 직거래가 연간 20억 원을 넘고 있고, 이의

택배비를 대부분 농가가 부담하고 있어서 군에서 택배비의 50%를 지원하기로 한다는 것이다. 군이 농가의 택배비 지원 사업을 전개했다는 내용이다.

음성군은 지난해에만 농산물 택배비 지원 사업을 통해 675농가에 6,200만 원을 지원해 14억 원 값어치의 농산물 판매에 도움을 주었다고 한다. 참신한 발상이 아닐 수 없다. 음성군의 농정과 담당 공무원의 세심한 배려라고 할 수 있을 것이다. 담당 공무원으로서 지역경제의 한 축을 맡은 농민들의 애로사항이 무엇인지를 냉철히 판단한 것이 아닐까?

나는 추석이나 구정에 울릉도에 있는 후배들의 가게에 간혹 전화를 하여 해삼이나 문어, 고로쇠물을 택배로 받아먹곤 하였는데 울릉도까지의 택배비가 거의 일률적으로 1만 원이어서 조금 쌌으면 좋겠다고 생각하던 터라 더욱 관심이 갔다.

개인이 내게 보내줄 때를 제외하고는 대부분의 업체가 우체국 택배를 이용하지 않고 가격이 비싼 민간 택배회사를 통해 항상 물건을 보내오곤 했다. 한번은 우체국 택배가 다른 택배사에 비해 가격이 싸기 때문에 앞으로는 우체국 택배를 이용해 주었으면 좋겠다고 하자 즉각 반응이 왔다.

민간 택배사는 휴일에도 서비스를 하고 있고, 정상 업무시간을 넘겨도 직접 가게까지 와서 물건을 픽업하는 서비스를 하고 있으니 가격이 조금 싸다고 하여 굳이 우체국 택배를 이용할 필요성이 없다는 것이다.

현재 울릉도에서는 한진택배와 대한통운이 택배 서비스를 하고 있고 가격은 우체국보다 약간 비싼 편이나 택배비 부담을 점포 운영자가 아닌 소비자 부담인 착불로 대부분 거래를 하고 있기 때문에 관심을 두지 않을 수도 있을 것이다. 그러나 치열한 경쟁을 하고 있는 민간회사와 정시를 따지는 우체국이 대비되는 것은 어쩐지 공무원과 민간업체의 한계인지도 모르겠다.

우체국장에게 전화라도 하고 싶다. 휴일에도 서비스를 해주라고, 울릉도 경제의 큰 축을 우편배달부가 일역을 맡고 있다고 말이다.

울릉도에는 현재 약 50여 점포가 수산물이나 농산물을 전화 또는 인터넷 주문으로 거래를 하고 있다고 들은 바 있다. 내가 가끔 수산물을 구입하고 있는 상점 주인의 말에 따르면 본인은 연간 약 600건 이상 택배물량을 취급한다고 했다. 일률적으로 평균을 내보면 약 3만 건이 되는 셈인데, 50%를 지원하여 연간 1억 5천여만 원의 택배비를 군이 부담하여 준다면 이의 효과는 매우 클 것이다.

고객들에게 "택배비 걱정하지 마세요. 우리 군이 50%를 지원합니다." 라는 적절한 홍보를 곁들인다면 매출 증대 효과도 클 것 같다. 누구나 현지로부터 농수산물을 직접 구입하고 싶어 한다. 그러나 만만치 않은 추가 비용을 누가 부담하느냐에 대해 요즈음의 고객들은 매우 민감한 반응을 보이는 것이 사실이다. 게다가 택배사들과 협의과정을 통해 지원 폭을 조금이라도 더 얻어 낼 수 있다면 택배비를 절감할 수 있을 것이고 군 당국의 부담 또한 줄일 수도 있을 것이다.

그 옛날 하시게와 청룡호, 천양환을 기억하고 있는 우리 세대 들은 선표를 사고 화물을 부치던 그곳을 기억하고 있다. 도동 앞 골목의 연락선 매표소, 무슨 뜻인지도 모른 채 그냥 마루보시丸帽라고 부르지 않았던가? 오래전에 작고하신 김유근 할아버지가 생각이 난다. 작은 키 짧은 머리, 흰 머리에 쩌렁쩌렁하던 목소리의 김유근 옹, 김용관 님의 아버님이 아니었던가?

그 마루보시가 오늘의 대한통운으로 변모하여 택배사업을 하는 것을 보면 울릉도 운송의 역사도 참으로 긴 인연을 갖고 있는 듯하다. 이제는 인터넷이나 전화를 통하여 오지의 산나물이나 농산물, 바닷가의 싱싱한 자연산 해산물 등을 직구매하는 시대다.울릉도와 같은 도서지방을 제외한다면 대부분 3~4천 원이면 전국 어디든 배달이 가능하지 않는가? 묘책을 짜내야 할 때가 온 것 같다.

오늘, 둥근 마루보시 모자를 쓰고 뒷짐을 진 채 매표소 안을 어슬렁거리는 김유근 할아버지에게 부탁한다면 혹시 오징어 한 축이나 문어 한 마리를 선불 사인과 함께 부쳐주지는 않았을까?

울릉도의 허준 '신촌어른'

천첩 태생의 신분에서 조선시대 최고 명의 자리까지 오른 허준. 숭고한 인간애와 불멸의 업적으로 길이 추앙 받고 있는 동의보감의 저자 허준許浚, 1539~1615을 모르는 이는 아마 없을 것이다. 1999년 11월부터 2000년 6월에 종료된 MBC TV 창사특집 드라마 '허준'을 많은 사람은 기억하고 있다. 주인공으로 분한 전광열과 황수정의 애절한 사랑과 온갖 정성을 다해 많은 병자를 돌보던 모습이 지금도 눈에 선하다.

이제마李濟馬, 1838~1900는 어떤가? 『주역周易』의 태극설太極說인 태양太陽, 소양少陽, 태음太陰, 소음少陰의 사상四象을 인체에 적용하여, 사람의 기질과 성격에 따라 인간을 4가지 형으로 분류하는 것이 가능하다고 판단하고(사상의학) 의학에 적용하기 위해 오랫동안 연구를 계속하였고, 음양오행설에 따라 같은 병이라도 약의 처방을 달리해야 한다는 이론으로 한의학의 새로운 처방 법을 전개한 조선의 한의가 아닌가? 우린 또한 2002년 KBS TV에서 방영한 드라마 '태양인 이제마'를 열연한 최수종을 생생하게 기억하고 있다. 모두 한의학의 기초를 닦으면서 치료에 한평생을 바치신 분들이다.

나는 우산국민학교 6년을 다니면서 딱 한 번 결석한 적이 있었다. 배가 아프고 열이 나서 도저히 학교에 갈 수가 없었다. 어머니가 날 신촌어른 댁으로 데리고 갔었다. 도동 뒷골목 옛날 세무서 위쪽 길 오른쪽 아래에 약간 내려가 있는 집이다. 언제나 그렇듯이 처마 끝에는 한약재가 걸려있었고 난 왼쪽에 있던 조그만 방으로 안내되어 신촌어른이 친을 맞은 적이 있었다.

경로당이 마침 신촌어른 댁 앞에 있었던 때문이었을까 뒷골목을 지나쳐 가면 언제나 긴 수염과 망건을 쓰고 경로당에 앉아 누군가의 등에다가 침을 놓던 할아버지가 떠오른다. 침놓는 것이 하도 신기하기도 해서 경로당에 살그머니 내려가서 댓침을 놓던 신촌어른을 몇 번이고 몰래 훔쳐본 적이 있었다. 바로 해강 김하우, 신촌어르신이다.

● 청강 김하우 옹.

울릉도 사람치고 신촌어른을 모른다면 속된 말로 이건 정말 간첩과 무엇이 다를 것인가? 1950년도 후반에 한청 담 밑에 김하우金夏佑, 1912~1977.9.14. 옹을 기념하는 송덕비를 세워놓았던 것이 기억난다. 옹은 김해인金海人으로 자子는 장숙이고 호號는 청강淸崗이며 1920년 8세 때 울릉도에 들어왔다.

일제 때 축조된 한청 담 위에 시멘트를 발라서 송덕비의 본체를 만들고 음각으로 잔잔한 글씨를 새겨 송덕비를 만들어 이를 기렸던 참으로 공적이 큰 어른이셨다. 지금 나이 50대 이상이면 어르신의 침을 맞거나 약재 한번 안 들어 본 사람이 과연 있을까? 용하기로도 유명하였거니와 그 당시 모두 돈이 없으니 침은 물론이고 한약도 공짜로 가져다 병을 고치고 하였으니 울릉도에 이런 성인이 또 나올 수 있을 것인가?

한청 담벼락에 있던 송덕비는 없어지고 지금은 희미한 흔적만 남아있고 새로운 송덕비(1975년 12월, 울릉군민의 정성으로 헌증)는 약수터 화장실 앞 한쪽 구석에 자리하고 있다.

● 김하우 옹이 세상을 하직하는 날, 수많은 울릉군민이 모여
그의 은공을 기렸다.

　2008년 8월 5일 울릉도에 선린한의원이 정식으로 문을 열었다는 소식
이다. 진료과목도 다양하다. 한방내과, 침구과, 한방소아과, 한방신경정
신과, 한방부인과, 한방재활의학과, 한방안이비인후과, 피부과 등 7개 과
목이나 된다고 한다. 특히 선린한의원 내 부설 경락치료, 피부관리센터
를 함께 오픈해 울릉도 주민들의 건강과 아름다움을 함께 지키게 된다
고 하여 새삼 어르신의 순수한 의료시술이 그리워져서 생각을 해본다.

　우리 모두 신촌어른의 크나큰 은혜를 잊고 사는 것이 아닌지 모르겠
다. 그러나 어르신의 후예들이 지금 허준을 꿈꾸며, 신촌어른을 꿈꾸며
연구를 하고 있다. 바로 서울 서초구에서 한의원을 운영하고 있는 김구
영 향우(도동, 58)와 인천에서 한의원을 운영하고 있는 한의학 박사인 김
재주 향우(도동, 64)가 그들이다.

군수관사의 왕벚꽃

대전 대흥동 성당 맞은편에 있는 국립농산물 품질관리원 충청지원(구) 건물이 복합문화공간으로 탈바꿈했다는 조선일보 9월 27일자 기사가 눈에 띈다.

최근에 와서 근대문화유산에 관한 기사가 부쩍 눈에 많이 띈다. 서울시립미술관으로 거듭난 구 경성재판소, 부산근대역사관이 된 동척 부산지점, 윤이상 음악축제가 열리는 옛 통영군청 건물 등이 근대유산을 유지하면서 화려한 변신을 하고 있다는 소식이다. 가보지는 않았지만 목포에도 일본식 가옥을 리모델링하여 카페로 활용하는 '행복이 가득한 집'이 있다고 한다.

조선시대의 마지막 주막집이었다는 경북 예천의 삼강주막을 경북도가 12억 원의 예산으로 복원하기로 하였다는 내용과 일제강점기에 지어진 건축물을 보존할 것인가 아니면 철거를 할 것인가에 대한 의견이 분분하다는 것, 최근에 와서 이들 근대문화유산을 새롭게 리모델링하여 적극적으로 활용하자는 목소리가 힘을 얻고 있다는 등등이 근대문화유산의 기사 말미에는 항상 한구석에 조용히 자리를 잡고 있다.

하기야 오죽하였으면 전 유홍준 문화재청장은 2007년 1월, 고급 건축물을 지으면 위화감이 있을지 모르겠으나 우리나라에도 100년 이상 길이 남을 멋진 건축물이 나와야 한다고 설파했을까? 옛것을 보존하는 것만으로는 한계가 있다는 의미였을까? 역사는 승계되는 것이어서 오늘 현재의 건축물이 100년 후에는 소중한 문화유산이 되어 전 세계인을 불러 모을 수 있다는 것을 강조하고 싶어서였을 것이다. 300년이 넘는 베르사유 궁전, 노트르담 성당 등 무수히 많은 서구의 건축물들이 훌륭한 문화유산이 되어 많은 관광객을 유혹하고 있음을 잘 알고 한 말이 아니었을까?

울릉군수관사를 보존할 것이냐, 철폐할 것이냐는 문제가 2005년 7월경 군수선거가 끝난 이후에 군민들의 의견이 분분한 것을 보았다. 군수관사를 이용하지 않겠다는 정윤열 군수의 공약사항이 있었기 때문이었다. 군수 취임식이 끝난 바로 당일에도 군민들이 여기저기 모여서, 노인정으로 활용해야 한다, 다 헐어버리고 공원으로 해야 한다, 그냥 보존해야 한다는 등 많은 이야기가 오가는 것을 보고 들었다.

● 텅 빈 채로 적막감마저 도는 울릉군수관사에 벚꽃이 만개를 준비하고 있다.

군수관사는 울릉도에서 제일 큰 일제강점기의 유산 건축물이다. 난 이곳에 어린 유년 시절을 수년간 보냈다. 아버님이 1950년대 한국전쟁 전후 3년 7개월을 울릉군수로 재직했기 때문이었다.

관사의 정원 한 가운데 있던 자그만 연못에 언제나 청아한 자태로 탐스럽게 피어있던 수국, 색깔이 진한 붉은색 잎이 감도는 왕벚꽃, 부엌 뒤쪽에는 U자형의 방공호, 조금만 바람이 불어도 쏴쏴 하고 소리를 내던 대나무 숲, 그리고 우뭇가사리로 만든 우묵이 맑은 샘물과 함께 큰 항아리에 담겨 있고, 항상 철철 흘러넘치던 맑은 샘물….

현관에 들어서면 오른쪽 벽에 걸린 올빼미 전화기, 응접실에서는 언제나 진지한 표정으로 베틀을 돌리며 천을 짜고 계시던 어머님 모습 등 내겐 침으로 많은 추억이 깃든 곳이기도 하다.

그러나 지금 군수관사 앞에는 3, 4층의 공영주차장 건물이 을씨년스럽게 관사의 정면을 막고 있어서 미관과 조망이 사라진 지 이미 오래지만, 그래도 예전에는 울릉도에서 최고로 가는 게스트하우스 역할도 하지 않았던가? 도지사가 올 때도 그랬고, 박정희 장군이 울릉도를 방문했을 때도 머물던 곳이기도 했다.

십수 년 전 서울에 출장을 온 민선 초대 군수인 정종태 선배에게 "이번에 고향 가면 꼭 군수관사에 한번 들르고 싶습니다"라고 하였더니 옛날 그대로라면서 꼭 다녀가라고 하였건만 종내 안쪽으로 들어가 보지도 못한 채 철거와 보존의 소용돌이 속에 말없이 서 있는 울릉군수관사, 내가 살던 그 추억의 집이 그립다.

일제의 잔재라고 하여 철거를 해야 한다면 이는 소중한 문화유산을 하나 잃어버리는 무지의 소치일지도 모르겠다. 이는 엄연한 역사의 잔존물이며 반면교사 되는 우리 후손에게 남길 유산이지 않는가?

노인정이건, 도서관이건, 소공원이건, 어린이 놀이터건 관민이 함께 차분하게 머리를 맞대어 관사를 오랫동안 보존할 수 있도록 리모델링하고 무엇으로 활용하는 것이 제일 좋을지 진지하게 토론해야 할 것이다. 어떻게 보존하면 300년쯤 되는 울릉도의 문화유산으로 영원히 남길 수 있을지 말이다.

출향인은 울릉도의 자산이자 미래다

지난 10월 3일 중앙일보에 게재된 재외동포재단 권영건 이사장이 쓴 "재외동포는 민족 자산이다"라는 칼럼을 읽었다. 간략하면서도 아주 설득력 있게 재외동포의 중요성을 설명하고 있었다. 재외동포는 '민족의 역사'이며 '민족의 자산' 그리고 '민족의 미래'라고 갈파하고 있는 것이다.

무언가 가슴 속으로 다가오는 짙은 동감이 다가왔다. '재외동포'를 '출향인'으로 바꿔 몇 가지 자귀만 고치면 그대로 울릉도를 두고 하는 말 같아서 신기하기도 했다. 출향인은 '울릉도의 역사'이며 '울릉도의 자산' 그리고 '울릉도의 미래'라고 고쳐 써도 재미있을 것 같아 몇 가지 생각해본다.

출향인은 '울릉도의 역사'이다

한 달에 겨우 한 번 정도 생필품을 싣고 들어오던 원시시대나 다름없는 모든 것이 단절되었던 그 시대와 화물선인 천양환의 짐짝 속에 스무시간을 뒹굴며 뱃멀미와 함께 고통 속에 섬으로 돌아와야 했던 세월이 있었다. 면사무소 바로 뒤쪽의 어느 가정에서는 복어알을 먹고 일가족이 죽었다는 어렸을 적의 기억도 있다.

조선일보 강천석姜天錫 주필이 8월 8일에 쓴 '대통령 건국 60주년에 새로 출발하라'라는 칼럼에 60년 전의 처참했던 울릉도 이야기가 나온다.

"신생 대한민국은 가난과 질병의 나라였다. 1946년 4월 이후 한동안 울릉도 모든 학교에는 한 명의 학생 그림자도 얼씬거리지 않았다. 쌀이 동나 산나물로 배를 채워 학교까지 걸어갈 힘조차 없었기 때문이다."

울릉도뿐만 아니었다, 서울 거리에서도 굶어 죽고 얼어 죽은 시체가 흔하게 발에 밟혔고, 콜레라가 1만 명의 목숨을 앗아갔고, 굶주림에 쫓겨 일본으로 밀항密航한 숫자가 최고조였다고 했다. 모두 울릉도에는 희망이 없다고 하여 돈벌이를 위해 육지로 나가고자 했다.

출향인은 '울릉도의 자산'이다

비록 육지에 나와 살고 있어도 태풍 소식만 들리면 혹여 울릉도를 지나가지 않을까 노심초사하는 이, 신문이나 텔레비전에 '울릉도 소식'이라도 나오면 바짝 다가앉아서 고향 소식에 침을 삼키며 귀를 쫑긋 세운 채 누구 아는 사람이라도 나오지 않을까 눈을 부릅뜨고 화면을 응시하던 이, 이번 여름이 오면 아이들과 꼭 고향을 찾아가 보리라고 마음 설레며 기다리는 이, 고향이라면 무엇이라도 돕고 싶어 하는 이.

태풍 '매미'와 '나비'가 울릉도를 휩쓸고 지나간 이후 처참하게 무너져버린 우리의 고향을 위해 옷과 구호금을 모아서 보내던 이, 매년 학생 체육복 수백 벌을 제작하여 빠짐없이 보내주는 이, 수년간 매월 1백만 원씩 어려운 이웃을 도와달라며 정성을 보내는 이, 그리고 이왕이면 고향 까마귀라고 이들을 채용하는 기업인, 돈이 없어 육지로 수학여행을 못 가는 학생들을 위해 아낌없이 비용을 보태주는 이, 비록 소액이지만 끊임없이 장학금을 보내주는 이.

이뿐만이 아니다. 각 분야에 걸쳐 활동하고 있는 전문가 집단이 상당

수 있다. 기업인, 금융인, 교육자, 공무원, 법조인, 자영업자 등 모두 울릉
도를 떠나온 출향인이 아닌가? 어림잡아 6만 명이 됨직할 향우가 있다.
자산이 있는 것이다.

출향인은 '울릉도의 미래'다

전국의 특별시, 광역시, 그리고 시군에는 우리 '출향 울릉인'이 삶의 터
전을 마련하고 꿋꿋하게 살아가고 있다. 해외의 곳곳에서도 터전을 만들
어 가고 있다. 3년 전인가 보다. 울릉군에서 전국 향우들의 데이터베이스
를 구축하려고 자료 수집을 한 기억이 난다. 그리고 울릉군 보건의료원에
서도 의료인의 데이터베이스화를 시도했다. 전국의 울릉인을 네트워크화
하려는 발상과 시도는 좋으나 구체적으로 실현화되고 있는지 의문이다.
지금이라도 늦지 않은 것 같다. 당초의 계획대로 전국의 향우를 지역별,
직업별로 세분화하고 이를 네트워크로 묶어서 미래의 울릉도를 위해 활
용하려는 계획을 재추진한다면 분명 울릉도를 위해서도 좋을 것이다.

이러한 역사와 자산을 가진 울릉인이
태어나고 자란 섬을 떠났다고 더 이상
외면해서도 아니 될 것이고 그들이 고향
으로 다시 돌아온다고 하여 이상한 눈
으로 보아서도 아니 될 것이다. 더욱이나
고향을 지키는 자만이 최고의 가치를 지
녔다고 너무 자만해서도 아니 될 것이다.

● 울릉초등학교 76회 졸업생들의 천연
색 꿈이 곧 울릉도의 미래는 아닐는지….

울릉도의 미래는 이들 출향인을 어떻게 활용하는가에 따라 새로운 모습
으로 크게 변모하리라는 느낌이 짙게 드는 것은 나만의 생각인지도 모
르겠다.

꿩 샤부샤부

명색이 '울사모' 편집장인 내가 '학포' 마을에 한 번도 다녀온 바가 없어 이번 기회에 가보기로 했다. 지난 6월의 일이다. 뭐 특별한 이유로 우정 가지 않은 것이 아니라 위치도 잘 몰랐거니와 언덕에서 내려다보는 '학포' 해안의 절경만으로 만족했기 때문인지 모르겠다.

자동차로 심한 경사를 조심스럽게 내려가는데 새끼 꿩들이 까투리 뒤를 줄줄이 따라가는 모습이 여기저기에서 보였다. 자동차가 내려가고 있는데도 별 두려움이 없는지 힐끗힐끗 뒤를 보면서도 별로 피하는 눈치가 아니었다.

나와 함께 했던 친구 이야기로는 꿩 때문에 울릉도 농사가 엉망진창이라고 했다. 꿩들이 옥수수와 감자는 물론 더덕, 배추 등 밭작물을 모두 파헤치기 때문에 농민들은 농사를 포기할 정도라고 했다.

울릉도에 꿩이 나타난 것은 공식적으로는 1981년 초 저동에 거주하고 있던 울릉도 주민이 꿩 40여 마리를 들여온 것이 시초라고 한다. 관상용과 고기를 취하려는 목적으로 양계養鷄를 하고 있던 중 태풍이 불어 닥쳐 사육장이 날아가는 통에 이놈들이 산으로 도망갔고 결국 울릉도의 이민 1세대인 토착 꿩으로 살아남게 되었다는 것이다. 이제는 완전히 야계野鷄가 된 수천 마리의 꿩이 천적이 없는 신비의 섬 울릉도에서 산속은 물론이고 도로까지 점령하여 유유히 다니게 된 것이라고 한다.

울릉도에는 꿩에 대한 기록이 전혀 없는 것으로 보아 꿩이 울릉도에서는 살기가 어려운 것으로 보았다고 한다. 그러나 이렇게 짧은 기간에 '꿩의 섬'이 될 줄은 아무도 예견 못한 일이었다. 어떤 이는 울릉도의 적설량에 그 원인이 있다고 한다. 즉, 1961년도부터 1971년 사이의 평균 적설량이 352.7mm이었으나 1991년부터 2000년 사이의 적설량은 143.2mm로 지구온난화의 영향으로 적설량이 대폭 줄어들었기 때문에 사철 내내 먹이를 구할 수 있는 환경으로 바뀌게 되어 이들이 왕성한 번식력을 과시하고 있다는 주장이다.

잘 아는 사실이지만 호주나 뉴질랜드에는 외부로부터 풀 한 포기도 사전 허가 없이는 반입이 금지되어 있다. 환경 교란을 철저히 방지하려는 선진국들의 노력은 눈물겹다. 모두 먹고 살기가 바쁘다는 핑계와 시스템이 안 되어있다는 이유로 이런 것까지 신경 쓸 수는 없었을 것이다. 그러나 또 이런 우를 범하는 일이 되풀이되어서는 아니 될 것이 아닌가.

지난 90년도에는 고철환 울릉군수가 부임 시에 까치 30여 마리를 방사하였는데 현재까지 울릉도에 까치가 보이지 않는다는 것이다. 왜 까치를 꼭 울릉도에까지 방사를 하려 했는지는 잘 모르겠으나 결국 자연생태계에 대한 인식 문제가 군을 다스리는 수장에게도 있었던 것은 아닌지 모르겠다.

외래종 쥐인 뉴트리아가 토착동물로 자리매김하여 습지식물을 마구잡이로 먹어 치우는 통에 생태계 교란을 가져오고 있고 가시박이나 호미풀 같은 외래 잡초가 우리나라의 전 생태계를 위협하여 한국 고유종을 밀어내고 있듯이 울릉도산 명이나 고비, 부지깽이도 자칫 외래종으로 인해 울릉도에서 밀려나지 않을까 하는 걱정이 앞선다.

울릉도는 동식물의 교잡종 시험장이 결코 아니다. 철저한 검색 없이 마구잡이로 들여와서 생태계를 교란케 하여 울릉도 고유의 동식물이 자칫 사라져버리는 것은 아닌지 걱정이 앞서는 것은 내가 우둔한 탓인지도 모르겠다.

울릉군이 울릉도에 거주하고 있는 엽사와 육지 엽사를 초빙하는 등 비상 대책을 세워 벌써 10여 년째 매년 11월부터 3월까지 꿩 포획을 실시한다고 한다. 1998년도의 천오백 마리를 정점으로 하여 매년 천여 마리 이상을 포획하고 있으나 좀처럼 꿩이 줄지 않고 있다는 데에 농민들의 시름이 여간 깊은 게 아닌가 보다.

지금 육지의 유명 관광지에 가면 '꿩 요리'가 만만치 않게 좋은 대접을 받고 있다. 꿩 샤부샤부, 꿩 만두, 꿩 백숙 등을 만들어 귀한 음식으로 각광을 받고 있다. 울릉군에서 엽사들에게 어떤 조건으로 포획을 요청했는지 아는 바 없으나 포획한 꿩의 사후 용도가 확실하지 않으면 단순한 행사에 그치고 말아 결국 포획사업 자체가 시들해질 수밖에 없을 것이다.

올 11월에도 꿩 포획 작전이 실시될 것으로 예상이 되나 올해도 천여 마리나 포획이 된다면, 울릉도의 대표적인 먹거리인 오징어회와 약소뿐만 아니라 '꿩 샤부샤부' 같은 별미 요리를 만드는 식당 하나 정도는 필요하지 않을까?

11월이 시작되는 날씨 때문일까 괜스레 '꿩 샤부샤부'가 먹고 싶어진다.

● 학포로 내려오는 길목에 꿩 새끼들이 노닐고 있다.

지방의회, 해외서 '노새 노새'

경실련이 지방의원들의 해외 출장에 대 해 꽤 궁금하였나 보다. 2006년 5월 31 일 지방선거 이후부터 올 4월 30일까지 지방의원들의 해외 공무출장을 연수목적 이 뚜렷한 일정과 관광성 일정으로 분류 해서 발표했기 때문이다. 교육과 연수목 적이 뚜렷한 일정은 27%인 반면, 관광과 같은 비목적성 일정은 73%나 되었다고 "지방의회, 해외서 '노세 노세'"라는 타이

틀로 한국일보가 11월 7일자에 보도하고 있다.

참여정부 시절 공기업 감사나 지방의원들의 관광성 해외 출장에 관 한 많은 가십거리를 읽은 바 있다. 대한민국에서 내로라하는 공기업 감 사들 스물한 명이 혁신포럼을 하려고 남미로 떠났다는 기사가 중앙일보 (2007년 5월 15일)에 나면서 중남미가 공무원들이 제일 좋아하는 포럼 장 소인 것같이 온 나라가 난리라도 난 듯 연일 떠들어 대던 게 바로 엊그 제 같다.

'신이 내렸다는 공기업' 감사의 무용론까지 확대 재생산되면서 여행 을 중단하고 허둥지둥 귀국하던 해당 소속 감사 7인이 공항 로비에 나 타나자 마치 저승사자인양 검정 한복에 갓을 쓴 '활빈단' 단원들이 그들 에게 미꾸라지를 냅다 뿌리는 모습을 TV에서 본 바 있었다. 몸이 뚱뚱

해 보이는 예금보험공사 이양환(64) 감사가 공항 로비에 들어오는 시점이었다.

미꾸라지를 뿌리는 뜻은 "미꾸라지 몇 마리가 맑은 강물을 흙탕물로 만든다."라는 메시지를 전달하는 것이라고 부연 설명도 곁들이고 있었다. 해외토픽에나 나올 법한 이야기가 참여정부 말미에 왜 이리 많았는지 허탈감에서일까 난 한참이나 계속 웃었던 적이 있다. 딸이 집 안으로 들어오면서 "아빠, 뭐야?"하고 묻길래 대충 설명을 해주자 깔깔거리며 웃어대는 모습이 그들에 대한 우리 모두의 비웃음이 아니었을까?

"의원님은 지금 해외 출장 중", "서울 구청장 남미행 강행", "외유성 아니라 문제없다", "청와대 뒤늦게 감사외유 직접조사", "외유의 진수 보여 준 같잖은 인간들 공기업 감사"(네이버 게시판) 등등 소제목이 온 나라의 매스컴에서 시끌벅적 야단이었다.

지난해에 많이 보도된 관광성 해외 출장에 대한 기사를 좀 더 보기로 하자. 공기업 감사포럼의 팀은 1인당 8백만 원이 들었고, 서울의 구청장은 1,100만과 수행원은 590만 원으로 총 1,700만 원이 소요되었다는 것이다. 국민들이 허리 부러져라 일해서 낸 세금을 자기네 호주머니 돈으로만 여기고 있다고 어느 신문의 사설은 참담한 심정을 토해내고 있다. 물론 좌석은 일반석보다 갑절이나 되는 비즈니스 클래스이고 그들이 갈 출장 예정지는 한결같이 리우데자네이루, 이구아수 폭포, 마추픽추, 쿠스코 등이었다. 이런 일이 일어날 때마다 "이번 여행은 외유성이 아니라 세미나를 두 차례나 하는 업무적인 출장"이라는 관계자의 뻔뻔한 변명은 차라리 역겨울 정도다.

이번에는 정반대의 경우도 있다. 해외 출장을 확정 짓고도 여론 때문에 갑자기 취소하는 해프닝도 있었다. 대통령 직속 균형 발전위원회가 미국, 칠레, 아르헨티나, 브라질 등을 열흘간 방문하는 '지역혁신 해외정

책연수'가 갑자기 취소된 것이 그것이었다.

국가의 살림을 살아가고 있는 큰어르신들이 국가의 장래를 위해 장고 끝에 내린 결정을 왜 뚜렷한 이유 없이 거둬들였을까? 떠들면 없던 일로 접어 넣고, 모르면 살금살금 해치우는, 참으로 얼굴 두꺼운 공복들을 보는 것 같아서 씁쓸하기만 했다.

2006년 10월 26일 울릉군의회가 해외 출장을 계획하였다가 여론의 부담을 느꼈던지 북한의 핵실험으로 인한 불안과 지역경제 침체 등으로 힘들어하는 군민들과 동참하기로 하여 연수비용 1천310만 원을 반납하고 해외 연수계획을 취소하기로 했다는 기사를 본 기억이 난다. 어디를 막론하고 공무 해외여행에는 약간의 거품이 끼어있기 마련이지만 참된 교육과 연수라면 반납할 이유가 어디 있겠는가? 귀국 후의 철저한 분석과 대응책이 깔린 완벽한 보고서로 울릉군민에게 귀국 보고회라도 가진다면 얼마나 멋진 일이겠는가?

'나리분지 눈축제'를 위해 삿포로에 가서 겨울 눈축제를 벤치마킹하려고 나리분지 이장과 몇몇이 함께 떠났던 배상용 의원이 "해외여행이 난생처음"이라고 고백하였던가? 동해의 섬, 울릉군의 군의원이 해외여행을 처음으로 하였다면 어쩜 '국제관광 휴양섬'을 만들겠다는 울릉군 수장의 열의에 한참 뒤처질지도 모르겠다.

울릉도의 공무원이나 의원들은 지금부터라도 늦지 않다. 시간이 허락하는 한, 예산이 닿는 한 자주, 그리고 많은 공직자가 해외연수를 다녀와야 한다. 외부 상황이 발생하였다고 하여 꼭 필요한 연수를 취소할 것이 아니다.

서울시 구청장 한 사람이 1,100만 원이나 쓰고 외유성 연수를 떠나는 오늘이다.

대한민국의 낙후된 섬에서 그것도 무엇 하나 제대로 된 것이 없는 섬에서 군민의 보다 나은 삶을 위해 애쓰고 있는 관계자들은 수시로 해외에 가서 보고, 느끼고 그리고 이를 어떻게 울릉도에 접목을 시킬 것인지를 깊이 연구하고 생각할 기회를 많이 가져야 한다.

특히, 우리 울릉군의 공직자들은 여러 세계를 많이 다녀야 한다. 세상은 참으로 넓기 때문에 우리가 모르고 있었던 많은 '놀라움'을 줄 뿐만 아니라 다음 세대를 위한 울릉도의 미래상이 무엇인지도 짚어 낼 좋은 기회를 주고 있기 때문이다.

울릉군민들도 "해외연수는 세금이나 축내고 놀러 다니는 것"이라고 연수 자체를 비하하지 말고 이들의 해외연수를 적극 지원하도록 모두가 나서서 뒷받침을 해주어야 한다. 이것은 울릉도를 '국제관광 휴양섬'으로 하나씩 바꿔나가는 첫 단추가 될 것이기 때문이다.

구로기마치黑木町가
셀프여행족을 선호하는 이유는

얼마 전 일본 NHK TV에서 규슈九州 온천지를 소개하는 특집방송을 본 적이 있었다. 후쿠오카福岡에서 구마모토熊本로 내려가는 길 오른쪽 내륙지방에 위치한 곳이 구로기마치黑木町였다. 이곳은 온천 이외에는 별다른 소득이 없는 촌락이라고 했다. 가로등 색깔도, 쓰레기통도, 온천 여관도 온통 검정색 일색이다. 그야말로 검정나무로 만든 동네만 같았다.

TV에서 인터뷰하는 촌장의 말로는 예전에는 관광객들이 관광버스를 타고 단체로 온천을 찾아오는 것이 당연시되었으나 지금은 단체 손님은 거의 없을 뿐만 아니라 잘 받지도 않으며 개별 손님을 더 환영하고 있다고 했다.

마을의 어느 온천은 수십 년간 미로 같은 굴을 파서 이제는 구로기마치黑木町에서 유명한 동굴 온천이 되었으며, 이곳에 오는 손님은 호텔 숙박을 의미하는 증표(목줄이 있는 나무 팻말) 하나만으로도 동네의 다른 온천을 무료로 즐길 수 있다는 등 각종 소식을 1시간이나 방영하는 것을 본 적이 있다.

해외여행이나 국내여행을 불문하고 이제 여행의 패턴이 셀프여행(개별여행)으로 바뀌고 있음을 알 수 있다. 이미 많은 전문가가 진단을 하고 있지만 1세대 패키지여행에서 2세대 배낭여행으로, 그리고 3세대는 셀프여행으로 바뀌고 있다 한다. 일본은 벌써 셀프족의 탄생을 예고하고 있는 것이다.

셀프족이란 스스로Self 일정을 짜서, 손쉽고Easy, 화려하게Luxurious, 수시로Frequent 여행 가는 이들을 일컫는다고 한다. 값이 싸고 빨리 다녀올 수 있다는 매력 때문에 패키지여행에 익숙해 있는 우리는 이제 새로운 형태의 여행을 준비해야 할 때가 온 것인지도 모른다. 아니, 이미 저만치 들어와 있는지도 모른 일이다.

여행에 비교적 익숙한 30~40대들이 인터넷 블로그나 동호회를 통해서 여행 일정을 스스로 짜고, 관광보다는 먹거리나 쇼핑 등에 더 치중하고, 한곳에 오래 머무르며, 연중 수시로 떠난다는 것이다. 일본도 이미 10여 년 전부터 셀프여행으

● 일본의 어느 동굴 온천.

로 전환되면서 종전의 패키지여행보다 3배의 여행객이 증가했다는 소식도 전한다.

한양대 이훈 교수(관광학부)는 "셀프여행은 국민소득 2만 달러를 앞둔 국가에서 나타나는 일반적 현상"이라며 "지금 일본 여행 업계를 주도하는 것도 10년 전에 처음 등장한 셀프족"이라고 말했다.

여름휴가를 내어 고향에 가고 싶어 해도 선표를 구할 수 없어서 다시 돌아왔다는 불만이 여기저기서 나오고, 성수기에는 여행사가 대부분 선표를 독점하고 있어서 여행을 떠난 셀프족들이 발걸음을 돌렸다는 이야기도 울릉군 홈페이지에 종종 나오곤 한다.

묵호나 포항 터미널 부두에는 언뜻 보아도 단체여행객으로 보이는 많은 승객이 울긋불긋한 옷을 입고 가슴에는 둥글고 조그만 철제 명찰을 단 채 승선을 기다리는 모습을 보는 것은 이미 일상화되어 있는 일이다.

최근에 와서 금강산 관광 중단과 환율의 급격한 인상 그리고 독도문제의 영향으로 인해 울릉도로 방향을 돌려 관광객이 다소 늘었다고는 하나 1박 2일의 짧은 여행이어서 부가가치가 거의 없는 손님맞이 행사

에 그칠 우려도 없지 않을 터이다. 혹자는 이렇게 말한다. 울릉도에 오는 관광객은 도동에 돈을 다 뿌리고 서면과 북면에는 똥만 싸고 간다고 말이다.

지난 11월 3일 현재 울릉도를 찾은 관광객이 25만 6천 명을 넘기면서 꿈의 숫자로 불리던 입도객 25만 명을 돌파했다는 기사가 났다. 울릉도의 해상교통과 기상 그리고 지역 여건을 보았을 때 거의 불가능한 숫자가 아닌가?

울릉도 여행은 동해상의 기상 조건에 따라 좌우되고 오로지 해상에만 의존해야 하는 교통수단을 갖고 있어 관광객 25만 명을 넘기기 어렵다는 것이 전문가들의 의견이라고 한다. 그러함에도 올해에 많은 여행객이 울릉도를 찾았다.

앞으로도 계속해서 도동터미널이 단체 여행객으로 가득 찰 것인가? 단순히 신비의 섬이라고 해서 해마다 여행객이 늘어갈 것으로 자만해서는 아니 될 것이다.

당분간 패키지여행은 계속 이어지겠지만 이제부터라도 여행의 흐름이 확연히 바뀌게 될 것임을 예상하고 미리미리 준비를 해야 하지 않을까? 민관이 함께 대처를 잘한다면 의외로 큰 성과를 올릴 수 있지 않을까 생각해본다.

여름 성수기에만 집중되는 관광객을 사계절 내내 분산시킬 수 있는 효과도 있을 것이고 단체로 일시에 들어와서 후다닥 떠나버리는 패키지 관광객과는 다르게 2~3명의 소그룹으로 들어와, 울릉도 주민의 따뜻한 정을 느끼게 하고, 성인봉에도 다녀오고, 느긋하게 버스를 타고 시간에 구애받지 않고 여유롭게 이곳저곳을 다니면서 즐기다 돌아가는 슬로우 투어로의 전환도 기대할 수 있을 것이다.

또한 도동이나 저동만이 아닌 서부면에도 체류 관광객이 늘이니고 지역경제에도 도움이 될 것으로 본다. 대아리조트 같은 초대형 호텔은 물론 장급 호텔, 민박집 등도 골고루 관광객을 수용하게 될 것이며 전혀 새로운 형태의 숙박, 즉 템플스테이나 안평전이나 주사골 같은 곳에 팜스테이 등이 가능해질 수 있을 것이다.

젊은 울릉인은 지금부터 주저하지 말고 준비를 해야 하지 않을까? 관광객 수용을 다양화하고 먹거리를 풍부하게 하는 것만이 다음 세대의 울릉인에게 희망을 가져다 줄 유일한 방책이 될지 모르겠다.

'울릉장학회'와 '울릉군장학회'가 다른 것은

어제 울릉군장학회 이사장 명의로 된 안내문과 함께 멋진 컬러판 홍보물이 집으로 배달되어 왔다. 물론 계좌번호도 함께였다. 농협중앙회 768-01-003898이라고.

지난 11월 13일 '울릉군교육발전위원회(울릉군장학회)'가 설립되었다는 것을 익히 알고 있었던 터라 크게 놀랄 일은 아니었으나 군내의 우수한 자질을 가진 인재를 육성하고, 장학사업의 공익 법인으로 정식 발족한 것이다. 만시지탄이 있지만 드디어 울릉도에도 교육발전위원회가 출범한 것이다. 이날은 울릉도에 꿈과 희망을 가져다 줄 '꿈의 날'로 울릉의 젊은 청년들에게 영원히 기억될 것으로 확신하고 싶다.

인구 만 명 내외의 작은 섬에서 이루어진 큰 이슈로 잔잔한 파장이 예상된다. 지급 대상을 보면 초·중·고등학생 성적우수자 장학금이나 학자금 지원, 관내 고등학교 졸업자 중 우수 대학 진학자 장학금 지원, 예술, 체육, 기능 등에 소질과 재능이 뛰어난 학생 발굴 및 육성 지원, 관내 우수 교사에 대한 지원, 교육환경 개선사업 지원, 기타 법인의 목적 달성에 필요한 사업 등등이다. 물론 지금부터 기금 확보를 위해 모금 활동을 전개한다면 수년 후에는 많은 학생이 큰 혜택을 입게 될 것이 틀림없다.

2008년도 울릉군의 지방세 수입 예상액이 약 20여억 원인 바, 배가 넘는 50억 원의 기금을 조성한다니 너무나 놀랍기도 하고 감격스럽기도 하다.

울릉군에서 25억 원을 기금으로 출연하고, 나머지는 군민, 향우회, 기관단체, 기업체 등으로부터 충당한다는 계획이다.

이미 2006년 7월에 정윤열 울릉군수는 "푼돈에 지나지 않는 장학금이 아니라 대학 입학에 도움이 되는 실질적인 장학금을 지급, 학생들의 자질을 더 높이겠다."고 김두한 기자와의 특별대담에서(2006년 7월 7일, 경북매일신문) 일갈한 바 있으니 어쩌면 예견된 일이기도 했다.

장학금 부족으로 인한 심각한 문제야 어디 우리 고향 울릉도뿐이겠는가? 몇몇 지자체에서는 기금확보를 위해 필사적인 활동을 전개하고 있고 너도나도 장학사업 및 교육사업에 나서고 있음을 알 수 있다. 자기 지방의 인재를 키워서 미래의 고향 발전을 꾀하려는 지자체의 눈물 어린 노력은 참으로 경이롭기 조차하다.

구미시는 '교육명품도시'라는 목표 아래, 2011년까지 300억 원의 기금을 조성하고, 구미시장학회에서 운용을 하여 2021년까지 1천억 원으로 늘리는 계획과 시세 수입의 2%(36억 원)를 교육사업에 사용한다는 계획도 동시에 발표한 바 있다.

성주여고는 2005년도 사업비 32억 원을 들여 본관 하버드동을 냉난방시설을 갖춘 초현대식 건물로 짓고, 지역사회도 '교육발전위원회'를 만들어 장학사업 지원 등에 큰 몫을 하고 있다고 한다. 또한 '군위군 교육발전위원회'는 2010년까지 기금 조성액을 100억 원으로 책정하고, 기조성된 40억 원에다, 군위군 출연금 10억 원, 기부금, 회비 수익금 40억 원 등을 보태어 군위지역 중·고생과 대학생들이 100% 장학 혜택을 받아 교육비 부담 없는 군위군으로 거듭난다는 각오 또한 새삼스럽다.

울릉도에는 울릉장학회가 현존하고 있다. 1976년 6월에 울릉장학회가 설립되었으니 벌써 30여 년도 더 넘었다. 초대 이영관 이사장에서 2대 김종문 이사장에 이르기까지 오랜 전통을 가지고 있는 장학회다. 1991년도부터 장학금 지급을 시작한 이래로 2007년까지 150여 명이 혜택을 입었다. 울릉종고를 제외한 대학의 학과 수는 총 55개 학과이며, 경영학 7명, 체육학 5명, 법학, 사회복지, 치기공, 행정 등이 각 3명, 기타 31개 학과에 각각 1명씩 등이다. 울릉향우회나 북향회 등과 같이 개별적으로 장학금을 지급하는 것 이외에 유일한 공식 장학회다. 울릉군이 장학금 지원활동을 뒷받침해주지 못하고 있을 때 30여 년에 걸쳐 어려운 학생들에게 꿈과 희망을 주었던 울릉장학회가 아닌가 말이다.

그러나 오래전부터 울릉장학회에 드리운 그림자는 지금까지 계속 이어지고 있다. 총재산이 1억9천만 원에 불과한 장학회는 수익금이 없어 이사들이 십시일반으로 성금을 모아서 조금씩 지급하는 실정이라고 한다. 이런 식으로 가다가는 남아있는 기금이 금방 고갈될 것이 자명한 일이 아닌가?

울릉장학회는 어쩌면 이름이 엇비슷한 또 하나의 법인으로만 남아 이제 개미와 공룡 같은 현격한 차이가 나는 어정쩡한 동거가 계속되지는 않을지 걱정이 앞선다. '울릉장학회'는 이미 수년 전부터 기금확보에 한계를 드러냈고 제대로 된 장학금을 지급할 수 없는 처지로 남게 된 지 오래이며, 새로 만들어지는 '울릉군장학회'는 울릉군의 조례에 의해 만들어짐으로써 그 규모 면에서도 '울릉장학회'를 단연 압도할 것이다.

'울릉장학회'와 '울릉군장학회'는 울릉인들에게는 매우 혼선이 오는 이름이다. '울릉장학회'는 재단법인으로서 순수한 민간인에 의해 발족되어 온 30여 년의 전통을 가진 장학회이고, '울릉군장학회'는 사단법인으로서 울릉군에 의해 새로 만들어지는 신설 장학회가 아닌가. 이제 두 개의 울릉도 장학회가 각자의 역할을 강조할 때에 발생할 수 있는 혼란은 결국 경쟁을 도입하게 될 것이고 그것은 어느 하나의 패배로 귀착될 것이 틀림없다. 지금이라도 늦지 않았다.

● 울릉군교육발전위원회의 현판식.

　울릉군교육발전위원회(울릉군장학회)는 울릉장학회에 손을 내밀어야 한다. 지금까지 울릉군에서 하지 못한 큰일을 해주어서 고맙다고 말이다. 그리하여 그간의 활약과 성과를 높이 평가 인정하고 현재의 이사진을 확대 개편하여 통합의 길로 가야 할 것이다. 또한 현재의 울릉장학회가 소유하고 있는 2억여 원의 자산은 공정한 절차에 의거하여 울릉군 교육발전위원회로 이관을 하는 것이 현명한 판단이 될 수 있을 것 같다. 물론 각자의 역할 분담도 충분히 가능할 것이지만 기부자의 입장에서 생각을 해보아야 한다. 장학사업이라고 하는 큰 테두리가 동일한 것인데 좁은 울릉도에 두 개의 다른 장학회가 공식적으로 존재한다면 어떻게 될 것인지 뒷맛이 개운치 않다.

　또 한 번 상상의 나래를 펴고 통합의 묘를 살려본다면 어떨는지, 나만의 노파심일지 모르겠다.

눈꽃축제

● 제1회 눈꽃축제가 열리던 날.

　예년의 지금쯤이면 겨울축제 이야기로 TV나 신문에 온통 떠들썩할 것이나 최근의 경제적인 어려움 때문인지 '겨울축제'가 뒷전으로 물러난 듯 조용하기만 하다. 그러나 아이들이 방학을 하고 공부에서 해방되는 날, 겨울축제 이야기로 다시 여기저기서 수런거릴 것이다.

　겨울 축제의 참맛은 눈이 많아야 하고 추워야 신바람 나는 것이다. 그래서 축제를 여는 대부분의 지역도 경기도 북부지방이나 강원도가 대부분인 셈이다. 옛날 같으면 수도권에서 강원도 북부지방으로 가려면 네

댓 시간이 족히 걸렸으나, 지금은 고속도로를 이용하여 어디든지 편리하게 세 시간 정도면 안전하게 갈 수 있으니 주말이면 대단한 인파가 몰리곤 한다.

이제 막 개장을 준비하고 있는 겨울축제만 해도 꽤 다양하다. 포천에서 열리는 '포천 백운계곡 동장군축제'를 비롯하여 '화천 산천어축제', '대관령 눈꽃축제', '춘천 얼음섬 별빛축제', '인제 빙어축제', '태백산 눈꽃축제' 등 참으로 다양한 프로그램을 만들어서 관광객을 맞을 준비를 하고 있다.

화천의 어느 양식장은 축제를 대비하여 일 년 내내 산천어만 양식한다고 한다. 행사가 시작되면 매일 산천어를 행사장으로 실어 나르고, 4미터나 되는 두꺼운 얼음판에 앉아 관광객들이 낚시하고 맨손으로 산천어 잡기 체험도 하는 등 7년째 이어지는 화천의 축제는 연간 100만 명이 넘는 관광객이 찾아온다고 한다.

대관령축제는 '양떼 목장 체험', '치즈나 딸기 만들기 체험', '멧돼지 몰기' 등 다양한 놀이와 체험 축제가 큰 인기를 끌고 있다고 한다. 또한 동장군 축제는 '눈동산 토끼몰이', '모닥불 체험' 등으로 관광객을 유혹하고 있다.

눈꽃축제들이 제각기 특색을 자랑하고 있지만 몇 가지 공통된 특징을 가지고 있다.

첫째, 어린이들이 즐길 수 있는 프로그램이 많이 준비되어 있다. 각종 구경거리를 포함하여 많은 체험행사가 어린이들을 즐겁게 하고 좋은 체험을 하게 함으로써 멋진 추억거리를 만들고자 한다는 것이다.

둘째, 말이 '눈꽃축제'이지 '움직이는 생물'을 중심으로 한 체험행사가 많다는 것이다. 산천어 잡기, 빙어 잡기, 송어 잡기 등 물고기 축제라고 빈정거리는 사람도 있지만 꽤 인기가 있는 것은 사실이다.

셋째, 마을 사람들에게 직접 경제적 이익이 돌아가도록 대부분 무료가 아닌 대여료나 입장료를 징수하고 있다.

넷째, 행사 기간을 길게 하여 경제적인 효과를 높이려고 하고 있다.

다섯째, 홍보를 위해 잘 만들어 진 홈페이지를 행사 시작 전부터 운영하고 있다는 것이다.

마침, 울릉도에도 2009년 1월 16일부터 나리동에서 두 번째로 눈꽃축제를 연다고 한다. 축제 내용도 첫 회보다 꽤 다채로워 보인다. 눈썰매, 스노우래프팅 놀이 체험과 성인봉 눈꽃 산행, 개썰매 타기, 기념사진 촬영 대회, 말잔등-나리동 전문 산악스키대회, 가족끼리 눈사람 만들기 등이 있는가 하면 어린이 눈썰매 타기, 대나무스키 타기, 설피 신고 걷기 체험, 추억의 감자 구워 먹기, 특산물 장터 등도 준비하는 것으로 알려져 있다.

울릉도의 겨울 축제 의도는 바람직한 것으로 보인다. 울릉도를 사계절 관광지로 승화시켜 새로운 관광수요를 창출하고, 관광 비수기에 관광객의 증가로 울릉도의 새로운 이미지를 제공하기 위해서(경북매일 2007.01.09.) 꼭 필요한 것으로 보인다.

그러나 울릉도의 눈축제는 여느 지역과 달리 관광객을 유인할 수 있는 기본 인프라가 부족한 실정이어서 투입비용의 과다와 성급한 성과 예상에 비해 자칫 동네 축제로 전락할 수 있음을 간과해서는 아니 된다.

관광객은 목적지에서 축제를 즐기고 정해진 날짜에 무사히 돌아가기를 희망한다. 익히 알고 있는 일이지만 울릉도의 현실이 어디 그러하던가? 최근의 관광은 생활의 일부가 된 지 오래되어 정해진 날짜에 떠나고 정해진 날짜에 돌아와서 일상생활에 쉽게 복귀할 수 있어야 한다. 울릉도 축제에 참가하려는 관광객은 오로지 하늘만 믿을 수밖에 없는 처지어서 가칫 낭패를 보기 십상이므로 울릉도의 눈꽃축제를 가보고 싶어도 이런저런 생각 끝에 결국 포기할 수밖에 없는 상황이 많을 것 같다.

비행기나 전천후 운항이 가능한 크루즈선이라도 있다면 모를까 참으로 난감한 것이 접근성 문제다. 따라서 당분간은 부족한 인프라로 인해 관광객의 한계가 있음으로 접근성이 어느 정도 해결될 때까지는 울릉군민만의 축제로 내공을 쌓은 연후에 관광객 맞이에 온갖 정성을 쏟는 것도 하나의 방안이 될 수도 있을 것이다. 비용을 최소화하여 경험을 축적한 이후에 대외 홍보를 본격화하자는 것이다.

오늘 조간신문에 "지자체 축제 올인, 혈세가 마른다"는 제목의 기사가 눈에 띄었다. 행자부에서 2007년도 전국 지자체의 축제를 분석한 결과였다. 재미있는 것은 지방세 수입과 대비하여 행사나 축제 비용을 가장 많이 사용한 곳이 경북 영양군으로 78.9%인 22억7천만 원을 사용했고, 그다음이 울릉군이었다. 총사용액이 11억6천8백만 원으로 58.2%가 행사나 축제 등에 사용된 셈이었다. 다시 말해 울릉군의 지방세 수입이 20여억 원이 채 안 되는 실정인데 행사나 축제 비용으로 60% 가량을 썼다는 계산이 된다.

물론, 관광객을 많이 유치하고자 하는 울릉군의 고육지책임을 쉬 알 수 있으나 울릉군민이 애써 낸 지방세의 반이 축제로 쓰인다는 것이 약간은 쓸쓸하기만 하다.

'축제'는 곧 '관광'으로 직결된다는 고정관념은 이제 바뀌어야 할 것 같다. 돈을 들여서 인위적으로 만드는 축제는 그 생명력이 짧다. 동네의 역사와 전통과 문화에 뿌리를 두고 주민 모두가 자생적으로 만들어낸 잔치야 말로 그 연륜을 더해갈 때 외부인도 동감하는 참된 축제가 이루어질 것이다.

발해 1300호 선장 이덕영

● 왼쪽부터 울릉도 출신 이덕영 선장(당시 49세), 이용호(당시 36세), 임현규(당시 27세), 장철수(당시 38세).

1998년 1월 23일 오후 4시 14분경, 탐사대원의 다급한 목소리가 무선으로 흘러나왔다. "파도가 계속 섬(도고)쪽으로 몰아치고 있어 자체 접안이 어렵습니다. 예인선을 불러 주세요!" 오후 8시 50분경, 다시 연락이 왔다. "예인선이 도착했습니다!" 안도의 순간도 잠시, 3시간 뒤 뗏목이 있는 일본 도고섬 해역에 폭풍주의보가 발령돼 일본 해경이 접근하지 못하고 있다는 소식이 들렸다.

다음 날인 24일 오전 7시 5분경, 대원들의 육신은 거친 파도에 사라졌다. 당일 각 일간신문에 대서특필한 내용의 일부다.

안타깝게도 이 대원들 중에는 발해 1300호와 함께 바닷속으로 사라진 우리 울릉도 사나이 이덕영李德榮 선장이 포함되어 있었다.

탐험, 탐사, 모험, 이런 것들이 우리 곁에 다가오는 순간 우린 가슴이 설레기도 하고 그곳이 어디든, 무엇이든 도전하고 싶은 충동을 느끼게 된다. 비록 무모하게 보일지라도 모두 나름대로의 꿈을 찾아서 모험을 시도하고 싶어 한다.

● 발해 1300호 항해도.

1893년 난센이 프람호를 타고 시도한 북극 탐험이나 영하 50도의 추운 날씨에 북극과 남극을 도전한 아문센의 탐험 그리고 영국의 탐사대원인 말로리가 에베레스트산을 처음으로 등정하려다가 사망한 그 숭고한 모험 들이 말만 들어도 우리를 숙연케 하고 있지만 이 모두가 아름다운 도전이었다. 적어도 젊은이들에게는 말이다.

요즘, 찰스 다윈의 탄생 200주년 기념행사가 전 세계에서 행해지고 있다. 다윈은 1831년 12월 탐험선 '비글'호를 타고 영국 플리머항에서 출발하여 에콰도르의 갈라파고스섬까지 모험을 하였다. 거기서 '핀치' 새가 섬에 따라 새의 부리가 다양하게 변화되어있음을 발견하고 이후 진화론을 증명하는 '종의 기원'을 발표하지 않았던가? 아무도 알 수 없는 미지의 세계는 이렇게 좌절과 영광을 동시에 가져다주는 허상의 묘약일지도 모르지만, 모험 없이는 아무것도 이룰 수 없는 소중한 것들이 아닌가?

권영인 박사를 주축으로 한 탐험대가 찰스 다윈의 탐험로를 따라 지구온난화 징후들을 포착하고자 미국 메릴랜드주의 한 포구에서 탐사선 '장보고'호의 진수식을 마쳤다는 소식도 작년 9월에 전해졌다. 이 돛단배가 411일간의 대장정을 무사히 마치고 2010년에 개선하길 기대하며 오늘도 항해를 하고 있을 것이다.

'2000년 발해뗏목탐사대'를 조직한 방의천方宜天, 당시 42세, 서울 서대문구 씨는 3월 1일 보름간의 일정으로 러시아 블라디보스토크에서 출발해 울릉도를 거쳐 부산에 이르는 934km의 대장정에 나설 계획이었다. 이덕영 선장의 발해 1300호가 실패했던 그 루트를 따라 선배들이 못다 한 여정을 확인하려고 하였다. 그러나 이 또한 많은 자금 문제로 좌절하고 말며, 2005년에 다시 시도를 하였으나 영하 40도의 강추위와 3m가 넘는 파도로 가까스로 구조되긴 했으되 또다시 실패를 하고 말았다.

"적지 않은 위험이 따르겠지만 숨진 탐사대원들의 숭고한 뜻을 기리기 위해 최선을 다할 것"이라고 했던 방 대장은 또 도전할 것이라고 했다.

오늘이 울릉도 석포 출신의 이덕영당시 49세, 발해 1300호 선장 선장이 일본 도고섬 해역에서 네 명의 탐험대원과 함께 엄청난 파도에 휩쓸려 사라진 지 11년째 되는 날이다.

길이 14m, 폭 7m의 삼나무 뗏목으로 발해탐사 4인은 블라디보스토크에서 제주도까지 발해인이 오갔던 1,244km 바닷길을 탐사하려 했으나 울릉도 앞바다에서 그만 방향을 잃었고 어쩔 수 없이 일본 쪽으로 항로를 변경했다. 뗏목엔 위성항법장치와 무선교신장비 등 최첨단 장비가 있었지만 심한 풍랑을 이기지 못하고 전복되고 만 것이다.

탐사대 대원들의 시신은 온데간데없었다. 밧줄이 묶인 자국에 선명한 발목만이 돛배에 남아있었다. 죽어서도 뗏목을 지키겠다는 마음이어서였을까? 나중에야 그 남은 발목이 이덕영 선장의 것임이 확인되었다.

자체적인 항해 능력이 없는 원시 형태의 뗏목에 집채만 한 파도와 폭풍우, 더구나 섬 주변의 암초는 그들에게 있어서 죽음의 두려움을 안겨주기에 충분했으리라. '살아서만 돌아오라'는 주변의 기대에도 불구하고 그들은 영원히 돌아올 수 없는 길을 떠나고야 말았다.

고향을 일찍 떠나온 나로서 이 선장을 직접 대면한 적은 없지만 사진 속에서 보이는 이 선장은 매우 수더분하게 보였다. 이덕영 선장은 일찍이 푸른독도가꾸기모임 초대 회장을 역임하는 등 독도문제에 대해서도 깊은 애정을 갖고 활동을 하였고 서울시에 구절초 3만 본을 기증하는 등 우리나라 자생화 보급 운동에도 앞장섰던 우리 꽃 지킴이기도 했다.

울릉인들은 과연 이덕영 선장을 기억하고 있을까? 통영 미륵산에는 발해 1300호의 장철수 대장과 대원들을 기리는 추모비가 있다고 한다.

우린 결코 그대를 잊지 않을 것이다. 비록 육신은 망망대해 속으로 사라졌지만, 그대의 영혼은 수호신이 되어 울릉도를 영원히 지켜줄 것이다.

나리동 어딘가에 이덕영 선장의 숭고한 뜻을 기리는 동상과 뗏목 조각을 만들어 젊은이들에게 '도전, 모험, 불굴'의 의지를 보여주고 싶다.

울릉도 관광의 3인방

지난 1월 10일(토요일) 한국관광클럽으로부터 정기총회 행사에 참석해 달라는 초청을 받았다. 지자체 수장에게 수여하는 '한국 관광 대상' 수상식도 겸한다고 하여 총회가 어떻게 진행되며 누가 수상자인지도 모른 채 관광클럽 회장이 고향 후배이기도 하고 재경울릉향우회 회장이기도 하여 내가 '울사모'의 편집장을 맡고 있는 처지라 격려차 가벼운 마음으로 갔다.

기축년己丑年 들어 첫 추위여서일까 꽤 쌀쌀한 날씨에 입김이 마구 나왔다. 이태원에 있는 해밀턴 호텔 4층이라고 했다.

밖에서 향우들을 기다리고 있는데, 그때 멀리서 보아도 금방 알아볼 수 있는 한 중년 신사가 코트를 걸친 채 보도를 성큼성큼 걸어오고 있었다. 울릉군수 정윤열 선배였다. 오랜만에 악수와 눈빛으로 서로 인사를 나누었다. 표정이 밝아 보여서 좋았다.

● 이정환 회장과 정윤열 군수.

카메라 가방을 맨 채 로비에 엉거주춤 서 있는데 젊은이가 다가와서 공손한 몸짓으로 아는 체한다. 알고 보니 고향 친구인 김종문의 아들이었다. 군수를 모시고 온 비서라고 했다. 사진을 몇 장이라도 보내주었으면 했다. 갑자기 오느라 카메라 준비를 못했다고 했다. "예, 그럼요. 보

● 정윤열 군수와 재경향우회원과 함께.

내 드리고 말고요." 이정환 회장이 정 군수를 안내하며 모두 커피숍에 들어가자고 한다. 수인사로 알고 지내는 관광클럽 멤버들 몇몇도 옆자리에 보였다. 신문사 기자라는 분이 정 군수에게 꾸벅 절을 하면서 곧 울릉도 취재를 가는데 협조해달라고 부탁하는 모습도 보였다. 총회 개회 시간 5분 전이다. 늘 보아도 반가운 향우회 회원 몇몇이 이미 좌정을 하고 있었다. 이종수, 김유익, 전만술, 최병화, 김현욱, 김순자, 심경애 등등.

관광 대상 수상자는 정윤열 울릉군수와 정종득 목포시장이었다.

110여 회원사 대표들이 참석해서인지 행사장의 분위기가 매우 뜨겁게 느껴졌다. 빈자리가 보이지 않는다. 관광회사, 버스회사, 관광호텔, 도시락 전문 제조 회사, 크루즈 관광 선사, 관광 전문 신문사, 일간지 관광 전문기자, 관광 관련 회사들은 모두 모인 것 같다.

턱에 무성하게 털이 많은 멋쟁이 모자를 쓴 중년의 사나이가 소니 캠코더를 장착한 채로 느긋한 몸짓으로 계속 무언가를 찍고 있고, 입구에서는 이정환 회장이 기자들과 인터뷰를 하고 있다.

난 분명 아웃사이더임에도 이정환, 정윤열, 김현욱 등 울릉도 출신 3인을 동시에 보는 순간 내심 흐뭇한 미소가 절로 나왔다. 행사는 분명 관광클럽 행사가 틀림이 없으나 마치 울릉도를 위한 관광클럽 모임 같은 느낌이 들었기 때문이다.

'울릉도 사나이' 관광클럽 이정환 회장이 '울릉도 사나이' 정윤열 군수에게 상패와 금 한 냥의 메달을 수여하고, 바로 이어 또 한 사람의 '울릉도 사나이' 문화관광체육부 관광레저지원과 과장 김현욱 서기관이 정부

대표로 나와 관광과 관련한 인사 말씀을 한다. 모두 관광과 관련된 울릉도 사나이 3인방이 아닌가 말이다. 이렇게 국내 관광을 대표하는 총회에 울릉도 사나이 셋 모두가 무대로 나와 동일한 주제로 각각의 위치에서 스피치를 하고 있는 모습이 여간 자랑스럽지 않다.

울릉군이 열심히 홍보하고 있는 울릉도의 캐치프레이즈가 '아름다운 국제관광 휴양섬'이 아닌가? 문득 울릉도를 대한민국 관광섬으로 조기에 달성할 수 있는 3대 요소를 발견이라도 한 듯 강렬한 느낌이 다가온다. 어느 지자체에서도 볼 수 없는 절묘한 3인의 구성이 아닌가 말이다.

풍부한 관광자원을 가진 울릉도 그 자체가 첫째의 요소임에는 틀림없지만 어디 관광자원만으로 모든 것이 해결되는 것은 아니지 않는가? 울릉군의 수장이 최선봉에 서서 온갖 노력을 다해야 하고, 여행전문가가 홍보를 하고 손님을 유치할 수 있어야 할 것이다. 아무리 아름다운 섬에 관광객을 유치할 수 있다고 한들 정부의 막강한 지원 없이는 빛을 발휘하기가 어려울 것인데 이 3대 요소가 묘하게 조화된 것이 바로 '울릉군수', '관광클럽 회장', '문화관광체육부 관광레저과장' 울릉도 관광의 3인방이 아닌가 말이다. 물론 관광레저과장 대신에 '문화관광체육부 장관'이었으면 더욱 좋았을 터이다.

갑자기 신명이 나는 것 같다. 모두 열심히 하는 것이 아름답다. 오늘은 분명 울릉도 관광을 위한 클럽 모임인 것 같은 느낌은 나만의 욕심일까?

독도의용수비대 기념사업회

지난 2월 3일 서울 강남구에 있는 국립어린이청소년도서관에서 '어린이 독도체험관'의 개관식이 있어 가 보았다. 다음 세대의 독도를 지켜갈 어린이와 청소년들이 많이 모여 있었다. 지하에 있는 체험관에는 어린이들이 꽤 관심이 있는 듯 눈을 깜박이면서 이것저것을 만지고 안내인의 설명을 진지하게 듣고 있었다.

특히 700분의 1로 축소된 독도 모형 앞에는 어린이들이 원을 그리고 둘러앉아 손가락으로 독도를 가리키며 서로들 무언가 이야기를 나누고 있었다. 이들이 지금은 독도의 의미가 무엇인지도 잘 모른 채 부모의 손에 이끌려 왔을지 모르겠으나 중고등학교를 거쳐 성인이 되었을 때는 또 하나의 열열 독도지킴이가 되지 않겠는가?

'독도를 지켜낸 우리의 조상들'이라는 벽면의 해설문에는 신라장군 이사부, 검찰사 이규원, 안용복 장군 그리고 홍순칠 독도의용수비대장의 활약상이 흑백 그림과 함께 간략하게 잘 표현되어 있었다.

"1952년 7월 말, 홍순칠은 울릉도 경찰서 마당 한쪽에 '시마네현 오끼군 다케시마島根縣隱岐郡竹島'라고 쓴 푯말이 놓여있는 것을 발견하고 분노했어요. 이때부터 홍순칠은 독도를 지키기로 결심했어요. 특무상사 출신인 그는 청년들을 모아 독도의용수비대를 만들고 개인 재산을 털어 무기와 장비를 구입하였어요. 1953년 4월 독도에 처음 발을 디딘 이후 홍순칠은 독도의용수비대를 이끌면서 일본해상보안청 순시선과 수 차례의 총격전을 벌여 승리함으로써 독도를 지켜냈어요."

● 독도의용수비대 홍순칠 대장.

대한민국 정부가 수립된 이래 세 번째의 기념사업회인 '독도의용수비대 기념사업회'가 지난 12월에 오랜 기간의 준비기간을 거쳐 발족하게 되었다. 첫 번째 기념사업회인 '한국전쟁 기념사업회'와 두 번째인 광주민주화운동을 기념하는 '민주화운동 기념사업회'에 이은 세 번째인 셈이다.

2005년 국회에서 통과되어 곧 사업회가 출항할 것으로 예상되었으나 오랜 진통 끝에 이제 출범하게 된 것이다. 33인의 대원들은 대부분 이미 고인이 되었으며, 현재 생존해 있는 대원들은 10여 명 내외뿐이다. 살아 생전에 홍순칠 대장이 그토록 갈망하던 의용수비대의 사업회가 마침내 만들어진 것이다. 대한민국 정부가 법으로 만든 기념사업회로서는 당당히 세 번째인 것이다. 이 얼마나 다행스럽고 기쁜 일인가?

조그만 섬 울릉도 출신 33명의 투철한 애국심이 아니었다면 지금도 자기네 땅이라고 우겨대는 일본에게 빼앗겨버렸을지 모를 일이 아닌가? 때늦은 감이 있으나 이제 정부가 이들을 대한민국이 존재하는 한 영원히 기념하겠다고 하여 기축년 올해부터 사업을 진행한다고 한다. 한나라당 이병석 의원이 초대 회장이 되어 임원진을 구성하고 사무국을 만들어 본격적인 활동을 시작한다고 하니 우리 모두 기대해도 좋을 듯하다. 생존 대원들은 물론이고 유가족들에게도 마땅한 예우를 해 줄 것으로 본다.

울릉도에 살았던 나를 포함한 우리 세대들은 홍순칠 대장을 포함한 33인의 대원들 활약상을 너무나 잘 알고 있다. 내가 일곱, 여덟 살쯤 수

● 독도의용수비대원들.

협 밑에 있던 이층 일본식 집이 대원들의 본부였던 것 같았다. 대원들이 수시로 드나들던 것을 보았으며, 독도에서 돌아오는 배를 부두에서 몇 번이고 본 적도 있다. 우리 모두의 눈으로 그들의 활약상을 직접 목격하지 않았던가?

기념사업회가 이제부터 예산을 짜고 의용수비대 기념사업을 본격화하겠지만 우리 울릉군에서도 남의 일처럼 뒷짐을 지고 있을 것이 아니라 기념사업회와 보조를 맞추어 의용수비대의 활약상을 적극 알리도록 노력해야 할 것이다.

동상이나 기념공원 하나 변변하게 없는 울릉도에 의용수비대를 기념하는 공원을 멋지게 만들어서 울릉도를 방문하는 이들에게 독도의 소중함을 알리게 함은 물론이고 자라나는 후손들에게도 이들의 참뜻을 기리게 하는 명소를 만들었으면 한다. 결국 50년, 100년 후에는 이 공원이 역사가 되고 문화유적이 되어 많은 참배객이 방문하는 성지로 될 것이기 때문이다.

'나미나라' 공화국

스무 살 무렵이었던가 보다. 공연히 시비를 걸고 싶고 무작정 사회에 도전하고 싶은 그런 나이여서인지는 몰라도 난 꽤 불만이 많은 축에 들었다. 이상은 높고 현실은 따르지 않았기 때문이었을까, 그 또래의 청년들이라면 누구나 겪는 청춘의 아픔이었을지도 모르겠다.

1965년도를 전후하여 겨울방학을 맞아 고향으로 한번 내려가려면 서울역에서 밤 10시에 출발하는 통일호 입석을 타고 여섯, 일곱 시간 걸려서 대구에 도착하고, 다시 버스를 두어 시간 달려서 포항에 도착했던 것 같다.

어느 겨울에는 왜 그렇게 날씨가 심술을 부렸던지 보름 이상이나 발이 묶인 채로 부두 옆에 있던 '항구식당'에서 죽치고 앉아 낮부터 막걸리를 마셔대곤 했다. 언제 청룡호가 출항할지 아무도 모를 뿐 아니라 알려고 하지도 않았고 펑펑 내리던 눈과 매서운 파도에 귀향의 기대는 애당초 접고 낮술을 마셔대던 그런 때가 있었다.

우린 그때 온갖 상상의 나래를 펼치면서 많은 푸념을 늘어놓곤 했다. 연상 막걸리를 마셔대면서 말이다. 우리가 사회에 나오면 그땐 울릉도를 '우산국'으로 독립을 시키자고 말이다. 우산국으로 독립을 하여 영해선도 확보하고, 한국과 일본 그리고 가까운 나라와 국교를 수립하여 최소한 큰 배라도 취항케 하여 연중 불편 없이 다닐 수 있도록 하자고. 그리고, 국제자본을 들여와서 도로도 만들고, 항구도 만들어야 한다며 답답한 현실 앞에 열을 올리며 고향으로 들어가려는 유학생들과 함께 열변을 토하곤 했었다.

Naminara Republic
나미나라공화국

● 나미나라 국기와 화폐.

　2009년 2월 28일자 중앙일보에 "나미나라는 자연, 자유를 팝니다"라는 타이틀로 '남이섬'이 독립공화국 선포 3주년 축제를 연다는 기사가 눈길을 끌었다.

　2006년 3월 1일 '겨울연가' 촬영지로 유명한 '남이섬'이 '나미나라 공화국Naminara Republic'으로 재탄생된 지가 3년째가 되었다고 한다.

　국가수반을 대통령제로 할지, 내각 수반으로 할지는 미정이라는 것 외에는 나라의 골격은 다 갖추어진 셈이다. 독립선언문 발표에 이어 국기國旗, 국가國歌, 화폐, 여권, 전화카드를 갖추고 일본 대사관을 포함한 20여 개국의 대사도 곧 임명할 것이라고 한다. 물론 여권과 화폐, 우표는 남이섬 공화국에서 통용되고 있다고 한다.

　"세상 어디에도 없는 나라, 상상 속의 세상을 만들었다. 하나의 금기를 깼다고 생각한다."고 갈파하는 이는 바로 남이섬의 CEO 강우현 대표다. 1953년 충북 단양 출신으로 홍익대 미대를 나온 디자이너라고 한다. 그는 2001년 취임한 이래로 상상과 예술로 남이섬을 열심히 디자인하고 있다. 향락 시설이 있던 자리에는 나무와 꽃을 심었다. 이익단체들의 엄청난 저항을 무릅쓰고 말이다.

　"나는 하찮은 것이 좋다. 시시한 것은 더욱 좋다. 아무도 관심을 두지

나는 울릉도 사내

않는 것들이 좋다."라고 그는 나직하게, 그리고 해맑은 웃음으로 확신에
찬 어조로 조용히 '남이섬의 미래 모습'을 이야기한다.

2005년도 관광객 165만 명에서 올해는 200만 명을 예상하고 있다 한다.

'남이섬'은 늘어나는 관광객들에게 시설이 아닌 '꿈'을 파는 섬을 만들
기 위한 소프트 인프라를 구축하는 데 온갖 창의력을 발휘하고 있다고
한다. 시설을 늘리는 전략에서 벗어나 나무와 꽃을 한 포기라도 더 심는
자연친화적인 섬으로 만들고 있는 것이다.

아무것도 볼 것 없던 '남이섬'이 왜 그토록 유명한 관광지가 되었을
까? 최근 아내와 함께 간 적이 있었는데 배를 타기 위해 두어 시간 기다
렸던 것 같다. 많은 사람이 도란도란 이야기를 나누면서 즐겁게 기다리
는 모습이 아름답게 보였다.

● 남이섬 안내판.

'남이섬'으로 들어가려
면 먼저 기다림을 알아
야만 배를 탈 수 있다.
그리고 낭만이 가득한
추억거리인 별빛과 고요
함, 숲, 그리고 왠지 사
랑이 이루어질 것만 같은
가슴 떨리는 예감, 그리
고 일본인들이 그토록 열광했던 '겨울연가'의 모정慕情 같은 것들이 기다
림의 저변에 깔려있었던 것은 아니었을까?

울릉도를 '우산국'으로 만들어 보면 어떨까 하는 생각을 해본다. 우리
는 울릉도가 오래전부터 '우산국'이었다는 이름에 모두 익숙해 있지 않
은가? '남이섬'이 13만 평 되는 작은 섬이라면 '울릉도'는 엄청난 큰 섬이
아닌가? '남이섬'이 갖고 있는 온갖 매력보다 울릉도는 기다림과 가슴

설레는 푸른 바다가 있지 않는가 말이다.

강우현 대표의 표현대로라면 울릉도의 구석구석에는 하찮은 것도 많고, 시시한 것도 많다. 그리고 아무도 관심을 두지 않는 것들도 너무나 많다. 그냥 내팽개쳐져 있는 돌들, 푸른 풀잎들, 공사가 끝나고 내동댕이쳐 있는 폐자재들, 폐어구들도 그렇다. 그리고 도무지 관광섬이기에는 지저분한 것들이 너무나 많다. 강우현이 읊조리고 있듯이 "하찮은 것, 시시한 것, 무관심한 것들"을 상상력을 동원하여 우리 울릉도 이제부터 하나씩 디자인해 가면 어떨는지 하는 생각을 해본다.

우리도 울릉도를 '상상의 나라', '우산국于山國'으로 선포하고 독도獨島를 자치도自治島로 편입시키고, 전 세계의 대사를 임명하고 관광객 2백만 명을 유치하는 등, 꿈의 나래를 펼 수는 없는 것일까? 그냥 씁쓰레한 표정으로 망상에 젖어 본다.

여의나루역 화장실

경기도 용인시에서는 2013년까지 37억 원을 투입하여 화장실을 37개 소나 확충하고, 개방화장실 지정도 대폭 늘릴 예정이라고 한다.(2009년 3월 4일, 조선일보)

화장실 이야기가 지금도 심심찮게 흥미의 대상이 되어 신문에 회자되고 있다.

화장실 이야기가 나오면 아직도 본능적으로 불쾌한 느낌과 지저분한 그림이 그려지는 것은 어찌 된 일일까? 깔끔한 화장실이 있는 아파트 전성시대의 유년기를 경험하지 못한 우리 세대는 화장실이란 단어만 떠올려도 썩 상쾌한 기분이 들지 않는다. 예전에는 그랬다. 시골에서는 '뒷간' 중소도시에서는 '변소便所'라고 불리던 화장실, 그리고 화장실 문에 빨간색과 검은색으로 낙서처럼 써놓은 'W.C'라는 단어가 친숙하던 때가 있었다.

88올림픽 무렵부터인가 '화장실'이라는 새로운 단어로 어느새 친숙하게 바뀌는가 싶었는데 요즘은 아예 그림으로 화장실임을 알려주기도 한다. 한복을 곱게 차려입은 관모 쓴 신랑과 비녀 꽂은 신부, 지팡이를 든 신사와 모자를 쓴 멋진 귀부인 모습 등을 상징화하고 남녀 전용 화장실로 구분하여 멋을 부린 지도 꽤 오래전부터이다.

호텔이나 고급식당, 고급 건물 등에야 이미 최고급 내리식으로 뙨 화장실로 바뀌었으나, 일반회사에서 고급화된 화장실을 볼 수 있는 예는 그리 많지 않았다. 오래전 삼성그룹의 이건희 회장의 지시로 직원이 근무하는 전 건물의 화장실을 이태리 대리석으로 치장을 하고 면적도 넓히고 고급자재를 사용하여 화장실 문화를 대폭 혁신한다는 기사가 화제가 된 적이 있었다.

고속도로 휴게실의 화장실도 예전에 비하면 얼마나 깨끗해졌는가? 은은한 레몬 향과 함께 휴지도 잘 갖추어져 있고, 물비누, 핸드드라이어, 핸드타월, 그리고 예쁜 그림과 명언 게시판, 파우더룸, 수유실 등 이러한 변화는 기분을 상쾌하게

● 경기도 덕평휴게소의 화장실. 식사를 해도 좋을 정도의 깔끔한 화장실이다.

할 뿐 아니라 화장실 관리 또한 꽤 잘 하고 있는 느낌이다.

그러나 공공장소를 조금만 벗어나 흔히들 자주 찾는 동네 식당이나 상가 화장실을 잠깐 들여다보면 어떤가? 문을 열고 들어서면 심한 악취와 함께 어둡고 컴컴한 불빛, 소변 후에 버튼을 누르면 물이 아예 나오지 않거나 옆으로 새어 나와 바지를 버리기도 한다. 대변실 안에는 발을 디디기도 겁이 날 정도다. 벽 위쪽에 붙어있는 수조는 고장이 난 지 오래되었고 플라스틱 통에 따로 물을 받아서 바가지로 뒤처리하는 풍경은 지금도 흔한 일이다. 이렇게 불결한 화장실을 우린 일상 그냥 못 본 채 지나치고 있다. 마치 내 일이 아닌 양 말이다. 플라스틱 휴지통에는 웬 사용한 휴지가 그리도 많이 쌓여있는지? 비누는 다 어디에 있는지 달아빠진 비누 조각마저 보이질 않고 있다.

수년 전 울릉향우회 산악회원들과 함께 태백산을 다녀오던 때가 생각난다. 여자 화장실 입구에 수십여 명의 여성들이 긴 줄을 선 채 기다리고 있는 모습이 보였다. 화장실에서 볼일을 보고 있는데 여자 두 명이 고개를 숙이고 쭈뼛쭈뼛 어색한 몸짓으로 들어오면서 실례해도 될지 모르겠다면서 남자 화장실 안으로 들어왔다. 남자들이 북적대는 화장실에 여성이 들어온다는 것은 흔한 일은 아니다. 그러나 모두 친절하게 "여자 화장실이 너무 적어서 불편하지요"라고 하면서 그분들이 무안해지지 않도록 친절한 배려를 해주는 것을 보았다. 여자 화장실을 이제야 남자 화장실보다 더 넓힌다는 기사도 나왔다. 여의나루역의 남녀 화장실 비율이 드디어 1:1이 되었다는 기사까지 화제가 되었다.

1984년 즈음하여 모스크바 공항에 잠깐 기착을 하였다가 파리로 간 적이 있었다. 몹시 급하여 화장실에 들어가 보았는데 양변기 본체만 달랑 눈에 들어올 뿐 양변기의 좌대와 뚜껑이 보이지 않는 것이었다. 옆 화장실로 서둘러 옮겨 문을 두들기고 열어 보았지만 마찬가지였다. 어느 곳에도 좌대와 뚜껑은 보이지 않았다. 중국에 갔을 때도 비슷한 경험을 했다. 가죽공장의 회사 화장실이었는데 뻥 뚫린 넓은 공간에 칸막이가 전혀 없는 오픈 화장실이어서 참으로 불편하고 난감해했던 때가 있었다.

지난 11월에는 '세계화장실협회 총회'를 서울에서 개최할 정도가 되었다. 한국의 화장실 문화를 체험하기 위해 이미 러시아, 중국 등에서 체험하려 다녀갔다고 하니 세계화장실협회를 창설한 국가로서 이제는 화장실협회 창설 국가답게 전국에 흩어져있는 엉망진창인 우리네 화장실이 빨리 개선되었으면 하는 희망을 가져본다.

우리 고향 울릉도의 사정은 어떠한가? 2007년 1월 17일자 도민일보 김선권 기자의 보도에는 "저동 복합상가 내의 공중화장실의 바닥에는 껌, 담배꽁초, 신문 등이 버려져 있는가 하면 소변기 자동 물 내림 센서가 떨어져 나가 감전 위험이 있는데도 수개월째 방치되어있고, 행정당국은 책임만 전가하고 있다고 한다."라는 기사를 읽은 적이 있었다. 난 간혹 고향을 찾곤 하지만 울릉도의 선창 화장실부터 석포 전망대 입구의 화장실에 이르기까지 모두 경험한 바 있다.

울릉도에서 화장실의 사용 빈도만을 따지자면 도동 터미널 옆과 소공원의 화장실이 아니겠는가? 나머지 여타 화장실은 비교적 깨끗하고 관리도 잘 된 편이나, 이 두 화장실만이라도 전국에서 최고 멋쟁이 화장실로 만들 수 있으면 좋을 것 같다. 적어도 '여의나루역'만큼 만이라도 새롭게 만들 수 없는 것일까? 울릉도를 다녀간 관광객들이 "내가 본 최고의 화장실은 울릉도에 있어!"라는 소문이 퍼져나가도록 할 수는 없을까? 요란하게 울릉도를 홍보하지 않아도 화장실 하나만이라도 딱 부러지게 만들어 전국 최고의 화장실 소문만 나도 엄청난 홍보를 보장받을 수 있지 않을까?

이제 곧 삼십만 명, 사십만 명의 관광객이 찾아올 것을 생각한다면 제일 시급히 해결해야 할 문제가 화장실이다. 등골이 오싹해지며 진땀이 나는 것 같다. 하루 종일 물이 질질 흐르는 화장실을 이대로 둘 수는 없다. 관리인을 두어서라도 냄새 없고 물기 없는 청결한 화장실을 보고 싶다. 그리고 수유실에서는 아기 젖을 먹이고 파우더룸에서는 화장을 고치는 그런 여유로운 화장실을 보고 싶다. 모든 것이 갖추어진 여의나루역과 같은 화장실은 우린 언제나 볼 수 있을 것인가?

'내 고장 울릉도'를 정규 교과목으로

"우리 동네 환경보호 우리가 체험하며 배우는 일본인들"이라는 기사가 났다.(중앙일보, 2009.2.6.) 일본 교토 동쪽 시가현의 비와호琵琶湖에 있는 박물관에서는 동식물이나 호수를 오염시켰던 쓰레기들을 단순히 전시만 하는 것이 아니라 주민들이 자발적으로 환경보호에 참여할 수 있도록 '하시가케 프로그램'을 만들어 체험을 위주로 하는 각종 프로그램을 운영하고 있음을 소개한 것이었다.

2일 일본 교토의 신재생에너지 교육관인 에코롤로지센터를 찾은 한국 초등학생들이 소형 풍력 발전기에 부채질을 하며 풍력발전의 원리를 배우고 있다. 이들은 롯데백화점과 환경재단이 주관한 제7기 롯데 어린이 환경학교에 참여한 어린이다.[강기헌 기자]

1990년 초반으로 기억된다. 나 자신이 일본 출장이 꽤 잦을 때였는데 어느 날 우연히 일본 텔레비전에서 어느 지방의 초등학교 학생들이 동네의 우체국과 은행에 가서 현장 체험교육을 받는 것을 보고, 난 문득 울릉도의 청소년들도 자기가 태어나고 자란 울릉도에 깊은 애정을 가질 수 있는 무언가가 있지 않을까 하는 생각이 들었었다. 왜냐하면 나부터 일찍 울릉도를 떠나왔고(물론 부모님의 의지를 따른 것이긴 하지만) 앞으로도 많은 청소년이 새가 둥지를 훌훌 떠나듯이 미련 없이 울릉도를 떠날 것이라는데 일말의 불안감이 있었던 것은 아닌지 모르겠다.

귀국하고 바로 일본에 있는 지인에게 부탁을 하였더니 초등학교의 각종 교과서를 보내왔다. 그중에는 내가 관심을 가졌던 교과서가 십여 권이나 있었다. 은행과 경찰서 등이 있는 동네의 그림지도를 포함하여 해당 지역을 상세하게 소개하는 여러 내용이 있었던 것으로 기억이 난다. 지금 생각해보면 일본은 지방자치제가 해방 전부터 시행되고 있어서 이런 교과서가 나온 것으로 나름대로 생각을 했다.

당시 이종열 선생이 울릉군 교육장이었던 즈음이다. 일본에서 내게 보내온 모든 자료를 이 교육장에게 우송하면서 내가 평소 생각했던 내용을 중심으로 하여 제안서도 잊지 않고 함께 보냈다. 울릉도만의 독창적인 교과서를 만들어 이를 정규 커리큘럼으로 정하고 초등학교 4학년이나 5학년에게 한하여 주 한 시간씩 정기 교육 시간을 갖자고 제안한 것이었다. 물론 교과서 제작 목적과 세부적인 교과 내용도 함께 보내면서 필요하다면 출판 비용의 일부를 내가 부담하겠다고 했다.

주요 내용은 독도와 울릉도의 그림지도(주요 공공기관 및 명소, 유적지, 기타 주요 동식물 서식지 등)를 만들고, 울릉도와 독도의 역사와 문화, 경제 활동, 환경, 어류, 동식물, 주요 관광명소, 유적지, 기업 등을 컬러 사진과 함께 싣고 반드시 현장 체험 교육을 함께 해야 한다는 것이었다.

얼마 후 이종열 교육장으로부터 울릉도에 대해 발표한 당신의 글과 함께 지금 당장은 할 수 없어도 앞으로 잘 될 거라는 회신과 함께 구체적인 어떤 계획이나 언질도 없어서 그냥 넘어간 일이 있었다.

요즘이야 인터넷을 통해 쉽게 정보를 접할 수 있는데 굳이 돈을 들여서 내 고장을 소개하는 교재를 만들 필요가 있느냐고 할지 모르겠으나 꼭 그런 것은 아닌 것 같다. '내 고장'이라는 교재를 만들고 교과과정을 1년으로 하여 교재에 나와 있는 곳곳을 찾아가서 내 고장에는 어떤 곳이 있으며 무엇을 하는 곳이며 이런 것들이 얼마나 소중한가를 현장 체험교육을 통해 알 수 있게 된다면 학생 모두가 내 고장에 대한 깊은 애정으로 자긍심이 생겨날 것이기 때문이다. 물론 캠핑과 같은 모험이 깃든 단체 활동을 병행하는 것은 더욱 좋을 것이다.

최근에는 어느 곳을 불문하고 지역개발과 환경보호라는 대립각으로 시끄럽다. 새만금 간척사업이나 인천 서해대교 옆의 저어새 집단 서식지, 제주의 군사기지 등의 예에서 보듯이 이해 당사자 간의 찬반 갈등은 이루 말할 수 없다. 죽기 살기 식의 전쟁이다. 내 고장의 미래에 대한 진정한 고민은 애초부터 없는 것 같이 보인다. 오로지 상반된 이해 당사자의 득실만 중요한 요소일 뿐이다.

어려서부터 내 고장의 소중함을 공부하고 체험할 수 있는 기회가 있었다면 이런 갈등은 애초부터 없었지 않았을까?

울릉도도 이런 갈등이 없으리라는 보장이 없다. 개발할 수 있는 땅은 제한되어 있고 주민들의 개발욕구는 더욱 강력해질 것이 자명한데 개발이 곧 환경파괴라는 등식으로 귀착되어 타 지역과 같은 갈등이 재현될 수 있다. 이를 방지하고 합의체를 모색하기 위해서라도 어렸을 적부터 고향의 소중함을 일깨우는 교과서가 있어 울릉도의 실체를 공부해야 하지 않을까 하고 생각해본다. 또한 '국제 관광섬 울릉도'를 만들기 위해서라도 울릉군민 모두가 관광 가이드로 나서야 할 것이며 이는 어렸을 적부터 '울릉도'에 대한 체계적인 접근과 고뇌가 있어야 할 것으로 본다.

어서 '내 고장 울릉도'라는 교재를 보고 싶다.

울릉도에 고급식당 1호점을

지난 3월부터 '한식韓食의 세계화'에 대해 각 언론이 조금씩 이슈화하면서 5월에 들어서는 부쩍 집중적으로 조명하고 있는 것 같다. 5월 5일에는 국제교류재단이 개최한 한국음식의 세계화를 위한 체험행사가 워싱턴DC에서 미국의 유명 인사를 초청한 가운데 성대하게 개최되었다고 한다.

150여 명이 모인 이 자리에 청담동에 있는 '우리가 즐기는 음식예술'이라는 식당의 안정현 대표가 몇 가지 요리를 선보였다. 삼색밀쌈, 부추를 곁들여 만든 랍스터 잡채, 갈비찜 등을 차례로 선보이고 마이클 잭슨이 한국에 오면 항상 즐겨 먹었다는 비빔밥 만들기의 시연도 선보였다. 한국음식을 잘 모르는 콜린 파월 전 국무장관도 "원더풀"을 연발하였다니 꽤 반응이 좋았던 것 모양이다.

6월 2일 한·아세안 정상회의 오찬은 한식의 본격적인 외교무대 데뷔인 셈이었다. 메뉴는 대통령 부인 김윤옥 여사와 함께 '우리가' 식당의 안정현 대표가 디자인하고 만들었다고 한다. 안 대표는 여섯 가지 코스요리를 확정하고 당일 요리의 초점을 "음식의 맛과 멋에 모두 충실해야 한다는 생각으로 그릇이며 장식도 꼼꼼히 신경 쓴다"고 했다.

당일의 메뉴를 들여다보자. 야외에서 갖는 오찬이기 때문일까? 꽃으로 장식한 '도란도란 바비큐'를 시작으로 하여 냉 구절 말이, 쇠고기, 찹쌀과 코리안 샐러드, 오채 야채산적, 잔치 국수와 김치, 오미자차와 홍시 셔벗, 전통주 등으로 상차림을 하였다. 이대통령이 앞치마를 걸치고 손님을 접대한 것은 양념이었다.

'한식의 세계화' 운동과 '한·아세안 정상회의'의 한국식 오찬 이야기에서 '울릉도의 식문화'로 방향을 살짝 틀어보면 어떤 모양이 그려질지 확연해진다. 사실 울릉도의 식당과 식문화에 대해서 많은 생각이 들었고 이야기를 하고 싶었던 것은 오래전부터였다.

● 한·아세안 정상회의에서 나온 '도란도란 바비큐'.

연간 30만 명 내외가 찾아오는 울릉도에 품격 있는 식당을 찾아보기가 쉽지 않다는 것은 나만의 생각은 아닐 것이다. 적어도 국제관광섬을 모토로 하는 울릉군에 제대로 된 식당이 언제쯤 우리들 눈앞에 나타날 것인지 걱정이 앞선다.

패키지로 오는 단체 관광객이야 출발 전부터 식당과 식사가 거의 정해져 있어 고객들로부터 별다른 불만이 없을지도 모르겠으나 비교적 여유롭게 개별여행을 오는 커플이나 가족들은 품격이 높은 식당과 요리를 찾게 마련이다.

'식문화'에는 새삼 설명할 필요조차 없이 몇 가지 요소가 있다고 본다. 내 나름대로 몇 가지를 생각해보았다.

첫째, 멋진 건물이다. 그 지역의 상황에 맞는 독특한 디자인으로 된 것이면 좋을 성 싶은 멋지고 깔끔한 건물.

둘째, 고급 화장실이다. 최상의 화장실 하나만을 마련해도 그 식당의 모든 걸 인정할 수 있지 않겠는가? 공간이 넓고 상쾌한 향이 난다면 더욱 좋을 것이다.

셋째, 계절과 음식에 따른 그릇이다. 스테인 그릇이나 플라스틱 그릇이 아닌 유리, 자기나 도기로 된 현대적인 디자인의 깔끔한 그릇….

넷째, 종업원의 절대적인 친절이다. 울릉도 상인의 친절문제가 항상 회자되고 있는 현실이 안타까우나 친절은 음식 맛을 돋게 하며 고객을 왕으로 모시게 하는 묘한 마술을 나타낸다.

다섯째, 멋진 인테리어와 우아한 분위기가 있어야 음식 맛도 동반 상승이 가능하기 때문이다.

여섯째, 현대인의 입에 맞고 어울리는 요리다.

물론 싱싱한 오징어 회에 소주 한잔 곁들이는 것만으로도 결코 품위가 떨어져서가 아니다. 푸줏간에 앉아 약소고기에 소금 뿌려 구워 먹는 것도 입맛을 돋우는 즐거움이다. 그러나 울릉도의 식당과 그 요리라는 것이 어느 식당에 가도 대동소이하다. 그냥 한 끼 식사食事를 해결하는 것 이외에 거기에는 어떤 문화도 존재하지 않는다. 홍합밥, 오징어 내장탕, 각종 매운탕, 산채비빔밥, 쇠고기구이 등, 거의 대동소이하다.

행정당국은 먹거리 영역은 단순히 민간인의 경제활동으로만 치부하지 말고 고정관념을 과감히 던져 버리고 왜 울릉도에 고급 레스토랑이 있어야 하는지를 인식하고 그 유인책을 내놓아야 할 때가 온 것 같다.

울릉군은 작년에 이어 올해도 향토 음식 개발 경진대회를 개최한다고 한다. 작년에 입상한 음식들이 지금쯤 상품화되어 관광객들에게 선을 보이고 있는지 모르겠으나 멋진 "울릉도 요리"가 만들어져서 보급되길 바란다.

많은 관광객이 출도 후 육지로 돌아와서는 울릉도 식당은 불친절하고 먹거리가 없다고들 한다. 정말 먹거리가 없는 것일까? 이는 가격은 비싸도 색다른 요리를 기대하였으나 제대로 된 요리가 없어 돈을 쓰지 못한 채 그냥 돌아왔다는 뜻이 내포된 것은 아닐까?

● 울릉군에서 개최한 1회 향토음식개발경진대회에 나온 출품작.

　내년 초부터 5천 톤 급이 넘는 여객선이 들어오고, 강릉에서도 몇몇 선
박회사들이 배를 떠운다는데 이 많은 관광객에게 멋진 요리를 만들어낼
식당은 언제쯤 나올 것인지 걱정이 앞선다.

'예림원'에 참나리 꽃밭을

● 해바라기 꽃으로 가득한 태백시의 산소길.

조간신문을 펼치는 순간 해바라기꽃으로 가득한 태백시의 '산소酸素길'이 시원스레 눈앞에 다가온다. 2009년 6월 9일자 조선일보에 소개된 태백시 어느 언덕 위 해바라기밭의 이미지다.

푸른 하늘과 키 큰 수목들을 양팔로 안은 채 넓게 펼쳐져 있는 해바라기 꽃밭을 보는 순간 소피아 로렌이 주연한 영화 '해바라기꽃'이 짠하고 가슴에 와닿는다.

지오반나로 분한 이탈리아 여배우 소피아 로렌이 전쟁터에서 행방불명이 된 남편 안토니오를 찾아서 우크라이나 들판을 지나고 있을 때, 바람에 흔들리며 벌판 끝없이 펼쳐지는 해바라기꽃들이 지오반나의 흩날리는 머리카락과 함께 진한 감동을 주지 않았던가? 어쩜 영원히 상봉 못할 것만 같은 예감의 애잔한 멜로디의 그 감동이 아직도 생생하다. 몇 번이나 보고 또 보았던 1970년대의 영화 'The Sunflower'는 내게는 좀처럼 잊히지 않는 소중한 추억이다.

강원도가 2013년까지 '산소길', '자전거길'을 1,700km나 조성한다고 한다. 강원도가 자랑하는 '맑은 공기. 울창한 산림'에 새로운 길을 내고 '스토리텔링'을 만들어 기존의 생태관광을 한 단계 업그레이드하겠다는 야무진 계획이다. 물론 그 길은 아름다운 꽃으로 꾸며진 데이트 코스일 것이고, 가족이 함께하는 산책길이며, 자전거 동호인의 길이기도 할 것이다.

최근 꽃을 테마로 한 꽃 잔치 축제가 여기저기서 볼 수 있다. 진달래꽃을 테마로 한 거제의 '대금산 진달래 축제', 벚꽃으로 유명한 '진해 군항제', 초봄이 되면 온 마을이 노랗게 물드는 경기도 이천시의 '산수유꽃 축제', 전북 남원시의 '지리산 바래봉 철쭉 축제' 등등.

이뿐만 아니다. 고창의 '국화꽃 축제'도 있다. 미당 서정주 시인의 "한 송이의 국화꽃을 피우기 위해 봄부터 소쩍새는 그렇게 울었나 보다…. 그립고 아쉬움에 가슴 조이던 머언 젊음의 뒤안길에서 인제는 돌아와 거울 앞에 선 내 누님같이 생긴 꽃이여…"로 시작되는 「국화 옆에서」의 시詩 한 편만으로도 우리네 가슴을 뭉클하게 하며, 수십만 송이의 국화꽃과 함께 아름다운 추억 만들기에 충분할 것 같다.

굳이 축제가 아니면 어떤가? 봄이 오건, 가을이 오건 온 산천에 가득한 꽃만으로도 일상에 지친 이들의 마음을 편안하게 해 줄 것이고 시를 읊조리면서 이야깃거리를 만들면 멋진 스토리텔링이 아니고 무엇이겠는가? 이런 꽃밭만으로도 연간 수십만 명의 관광객이 찾아온다고 하지 않는가?

최근 울릉도를 찾는 관광객이 급격히 늘어났다고 한다. 포항과 동해시에 이어 강릉에서도 터미널을 만들고 선박도 서너 척 증편하는 등 가까운 시일에 울릉도의 교통편이 한결 좋아질 것으로 보인다. 관광객이 늘어나면 볼거리도 그만큼 더 늘어나야 할 것이다. 오징어회에 소주 한 잔 마시고 섬 한 바퀴 도는 것도 빼놓을 수 없는 코스이겠지만 오래 기억에 남을 감동의 코스도 만들어야 한다.

울릉도아말로 맑은 공기와 울창한 숲이 있다. 강원도의 그것과 미교

할 수 없을 만큼 멋진 산소길도
있으며 국내 어디에도 볼 수 없는
울릉도만의 꽃들도 즐비하다.

가을이 되면 울릉도 해안으로
길게 뻗어있는 화강암 절벽에 온
통 보랏빛으로 물들어있는 왕해국
꽃과 짙은 노란색의 털머위꽃, 그
리고 해안가나 가까운 산천에 피

● 참나리꽃이 가득한 울릉도의 어느 언덕.

어나는 참나리꽃만으로도 다른 지역의 꽃 단지와 비교조차 안 될 것이다.

사동 어느 곳에는 왕해국꽃단지로 자전거길과 산소길을 만들고, 현포
전망대에서 내려다보이는 길가 어딘가에는 노란 털머위꽃으로 수천 평
의 언덕을 만들고, 저동의 동래폭포 해오름길에는 참나리 꽃밭을 만들
면 대한민국 어디에서도 볼 수 없는 이국적인 꽃밭이 될 것 같다. 상상의
나래일지도 모르겠다.

평리에 있는 '예림원'에 인공폭포가 곧 만들어진다고 한다. 오솔길을
따라 폭포 주변의 전망대도 만들 계획이라고 한다. 예림원을 둘러싸고
있는 바로 뒤쪽의 넓은 땅을 참나리 꽃밭으로 만들면 또 하나의 명소가
될 것 같다. 각종 목조각, 희귀식물, 분재, 몽돌 해변이 보이는 전망대와
함께 웅장한 폭포가 하모니를 이루고 온 산이 오렌지빛으로 물든 참나
리 꽃밭이 만들어지는 날 예림원은 울릉도의 명소가 될 것이 틀림없다.
그곳에서 아내와 함께 산소길을 거닐며 옛이야기도 나누고 참나리 꽃밭
에서 사진도 찍으리라.

내가 '해바라기꽃' 영화에 감동적인 추억을 간직하듯이 관광객들은
'참나리꽃'의 추억을 만들어낼지도 모르겠다.

울릉도의 옥외 간판

오늘 조선일보에 "남한산성 '아름다운 간판 공원' 혁신"이라는 기사를 보면서 울릉도도 관광섬 이미지 개선 작업의 하나로 옥외 간판의 새로운 시도가 필요할 것 같다는 생각이 들었다. 즉 관과 민의 허심탄회한 소통이 가능하고 강력한 리더

● 도동 앞 골목의 간판들.

십이 뒷받침된다면 전국에서 가장 아름다운 '예술 간판'이 있는 신비한 섬으로 새롭게 태어날 수가 있을 것 같은 느낌이 든 것이다.

내가 고향에 갈 때마다 현포리에 있는 '울릉예림원'에 들러 박경원 원장의 신 작품을 구경하고 또 이런저런 담소를 나누곤 한다. 수년 전인 것 같다. 울릉도 업소들의 상업 간판 이야기가 자연스럽게 나왔었다. 울릉도의 상업 간판이 너무 획일적이고 멋도 없고 아무런 특징도 없으니 박 원장의 한글 흘림체에 단아한 비취색을 곁들여 간판을 조각 작품처럼 만들어낸다면 어떻겠느냐는 내용으로 대화를 나누었다.

박원장 이야기로는 이런 아이디어를 울릉군 담당자에게 슬쩍 비친 적이 있었던 모양이다. 물론 아이디어 차원에서 말이다.

관심이 있던 차에 작년 초 서울시청 광장에서 개최되었던 "2008 디자인 서울 간판전"에 다녀온 적이 있었다. 울릉도에 꼭 어울리는 그런 간판 디자인이 아니어서 약간 실망스러웠으나 좋은 기회라고 생각했다.

몇몇 곳을 뒤저보면 참고할만한 자료가 꽤 많이 나온다. ㈜디팟이 조

주연 대표는 간판을 "지역 중심, 사람 중심, 이야기 중심"으로 만들어야 한다고 한다. 또한 경기도는 오래전부터 간판의 중요성을 인식하고 몇 가지 기준도 마련해 두었다.

"너무 크게 만들지 않는다, 빈 공간을 많이 확보한다. 너무 많이 달지 않는다, 원색을 쓰지 않는다. 글씨는 간판 절반 크기로 한다. 글자 크기를 대조시킨다. 상호는 인상적으로 한다. 알맞은 그림을 곁들이면 좋다. 화려함보다는 친근함으로. 보는 즐거움이 있어야 한다."라고 제작의 10대 기본 방침도 만들어 놓은 상태이다.

채완석 경기도 디자인 총괄팀장은 디자인의 비전을 "과거 역사와 소통하는 기억되는 디자인으로, 인간 중심의 배려하는 디자인으로, 자연과 조화되는 지속 가능한 디자인으로, 참여를 통한 함께하는 디자인으로"라고 간판 제작의 비전을 명쾌하게 제시하고 있다.

울릉도에서는 박경원 예림원장, 바로 그가 있어서 좋다. 그는 서예가이며, 조각가로서 뛰어난 예술 감각을 지니고 있으며 실전에 강한 "울릉도 맞춤형 예술인"이라고 칭하고 싶다. 감포읍의 대웅전 현판 휘호와 울릉문화원 현판, 군립병원 현판 등 많은 곳에 현판 글씨 조각을 이미 제작한 바 있다.

● 박경원 원장의 목 조각작품 중 하나.

물론 단순한 목판 조각으로 만든 간판은 한계가 있어 나무와 주철 그리고 필요시에는 전기를 조합하고 경기도의 간판 제작 비전을 참고하여 가로와 세로 간판을 적절히 배치한다면 이것만으로도 획기적인 선전효과는 물론 관광객들에게도 큰 즐거움을 줄 수 있을 것이다. 플라스틱은 자연친화적이지 못함으로 가급적 배제하고서 말이다.

　전체적인 디자인의 콘셉트는 낭만이 흐르는 푸른 바다의 내음과 짙은 푸른 숲이 그득한 그런 것이면 좋을 것이다.

　울릉군이 '간판혁신팀'을 만들어서 새로운 이미지의 울릉도를 디자인해보는 것도 '멋진 관광섬 만들기'에 일조하지 않을까 생각해본다. 간판 하나 바꾸는 것만으로도 울릉도 전체가 마치 외국의 어느 유명 관광지라도 되는 듯 새로운 느낌을 강하게 줄 것이다.

　"경기도는 광주시 중부면 산성리 일대 남한산성 도립공원을 '간판이 아름다운 공원'으로 조성하기로 했다고 5일 밝혔다. 또 이 지역을 '옥외광고물 관리 특정 지역'으로 지정해 무분별한 간판 설치를 규제하기로 했다.

　도는 이를 위해 오는 11월 말까지 4억 5,000만 원을 투자해 해당 지역 내 72개 업소의 고정 간판 211개와 현수막 등 광고물 241개를 업소당 1개씩만 남기고 모두 철거하기로 했다. 남게 되는 간판들도 주변 경관과 지역 특성에 어울리도록 디자인해 새로 설치할 계획이다.

　또 도는 도로변에서 보이지 않는 업소를 위해 통합 안내 간판을 설치하거나 유도 사인 등을 설치해 주기로 했다.(조선일보, 2009.8.6.)

울릉도의 물개

● 2008년 5월경 조오련과 함께, 울릉도 앞 골목 삼거리에서.

'아시아의 물개'라는 칭호가 더 친근했던 한국 수영계의 큰 인물이 지난 8월 4일 심장마비로 세상을 떠났다. 1952년생이니 채 이순도 아니 된 안타까운 죽음이 아닐 수 없다. 그야말로 요즘의 60 나이면 청춘이라고들 하지 않는가? 한창나이일뿐더러 더욱이 내년에 대한해협에 다시 도전하겠다고 해놓고서는 이렇게 훌쩍 떠나고 말았으니 말이다.

나와 조오련은 학교가 같은 것 이외에는 달리 연관이 없다. 그가 나보다 6, 7년 후배일 뿐이며 수영 동호회의 회원도 더욱 아니다.

그가 1980년에 대한해협을 13시간 16분에 건넜고, 2년 후인 1982년에는 도버해협을 9시간 35분에 횡단한 것 이외에도 2005년에는 울릉도에서 독도까지 몇 차례 순연 끝에 장남 성웅 군과 차남 성모 군과 함께 가족 릴레이로 18시간 만에 횡단에 성공한 바 있었다.

그 당시 MBC가 며칠간에 걸쳐서 중계방송을 했던 것 같다. 철제로 만들어진 안전망 속에서 열심히 헤엄치던 모습이 지금도 눈에 선하게 다가온다. 아버지가 쉬겠다는 신호를 보내면 큰아들이 얼른 물에 뛰어들고, 또 둘째 아들이 다시 이어받고 이렇게 대장정을 끝내고 그는 말했다.

"우리가 끝까지 포기하지 않는다면 자연은 이를 받아준다는 것을 알았다"고 말이다.

당시, 독도 영유권을 주장하는 일본에 대해 강한 메시지를 전달하는 것이 주된 목적이었을까 전 매스컴들이 꽤 관심이 많았던 같았다.

울릉도와 질긴 인연 때문이었을까 그는 또 하나의 이벤트를 준비하고 있었다. 건국 60주년 기념일을 맞이하여 작년 7월 한 달 내내 울릉도에 머물면서 뜻깊은 도전을 준비했던 것이다. 마침 도동 한청 위쪽의 삼거리에 있었던 나는 조오련과 그의 일행을 우연히 만나게 되었고 비록 짧은 시간이었지만 선후배로서 학교 이야기도 나누고 독도 선회 수영에 대해서도 이런저런 이야기를 나누었다.

민족대표 33인을 상징하는 의미로 33바퀴를 돌 계획이라고 했다. 너울파도 때문에 무척 힘이 든다는 그는 결국 독도지킴이의 과업을 이뤄내었다.

내가 어렸을 적에는 도동항 바다에서 수영대회가 있었다. 도동항의 오른쪽 해안도로로 쭉 따라가면 꽤 넓은 바위 터가 나온다. 지금은 파라솔과 전깃줄이 주렁주렁 달린 도무지 울릉도의 멋진 해안 길과는 어울리지 않을 것 같은 꼴불견 해산물 판매 장소이지만 이곳에서 많은 군민이 모인 가운데 수영대회가 열렸었다. 그곳에서 네댓 명의 선수들이 건너편 쪽으로 헤엄을 치는 것이었다.

7뿐이 아니다 조금 더 올라가면 우리들의 다이빙 터도 있었다. 높이가 얼마나 되는지 확실치는 않으나 약 10여 미터는 되지 않았을까? 여름이면 팬티도 입지 않은 나를 포함한 많은 개구쟁이 꼬마들이 왼손으로 코를 쥐고선 무조건 뛰어내리던 멋진 다이빙도 있었다.

방학이 되어 고향에 돌아온 여름날이면 내수전의 친구 전태봉이가 살던 집 아래에서 300여 미터는 족히 될 '작은 북저바위' 쪽으로 호흡을 가다듬으며 왕복 횡단을 했었다. 지금 생각해도 온몸이 오싹하다, 작은 북저바위 쪽으로 헤엄쳐 나갈 때마다 바닷물 온도가 변하며 갑자기 차가워지는 통에 소스라쳐 놀란 기억이 난다.

울릉도가 전국에서 눈이 제일 많이 온다는 곳임에도 유명한 스키 선수가 없고, 사방이 바닷물인 울릉도에서 박태환이나 조오련 같은 훌륭한 수영선수가 나오지 않는 것이 괜히 억울한 느낌마저 든다. 하기야 자연이 만들어 준 혜택만으로 어찌 훌륭한 선수가 나오겠느냐마는 질투심에서 공연히 투정 부리고 있는지 모르겠다.

이제는 한 번쯤 생각해보고 싶다. 최근 저동에 만들어 놓은 헬스클럽이 무척 반응이 좋다는데 수영장 하나쯤 더 만들어서 전국 수영대회라도 개최한다면 이 얼마나 울릉도와 딱 어울릴 것인가?

울릉도에 수영장이 생기는 날, 난 옛 친구들과 함께 '작은 북저바위'까지 헤엄치던 그 기백으로 힘껏 양팔을 저어보리라. 저 끝이 댓섬이고 독도라고 말이다.

윤부근 사장

1953년생으로 동해의 어느 섬에서 태어나 초등학교를 졸업하고 육지로 나와 대학을 다녔으며 고향의 처녀와 결혼하였고, 그리고 1978년 이름만 대도 알만한 국내 최대 전자 회사에 입사하여 30년 만에 대표이사 사장이 되었다면 그 사람이 누구일까?

이 수수께끼 같은 단문에 궁금증을 풀어놓고 보면 참으로 놀랍기 그지없다. 순서대로 퍼즐을 맞추어 보자.

그는 울릉도에서 태어나 저동초등학교를 졸업하고 한양대학교 전자공학과를 나와 세계적인 메이커인 삼성전자에 입사하여 영상디스플레이 사업부 사장이 된 '윤부근'이다.

● 윤부근 사장.

지난 9월 3일 독일 베를린에서 개최된 유럽 최대 전자쇼인 'IFA 2009'

전시장에서 "디지털 휴머니즘, 삶 풍요롭게"라는 기조연설을 통해 그는 전 세계를 향해 외쳤다. 세계 가전업계의 최고 고수가 던진 미래의 꿈이었다. 그가 바로 쉰세 개의 글자로 된 디지털 기술

● 독일의 앙겔라 메르켈 총리가 윤 사장과 반갑게 손을 잡고 인사를 나누는 모습.

의 미래를 설파한 것이다. "삼성전자는 디지털 기술에 본연의 가치와 감성을 불어넣는 디지털 휴머니즘을 통해 인간의 삶을 풍요롭게 하고 꿈을 현실로 실현하겠다."라고 말이다.

이날 윤 사장이 디지털 휴머니즘 구현을 위해 지목한 전략은 바로 '5E'다. 이 함축된 전략에 미래의 모든 꿈을 실현하고자 하는 그의 강한 의지가 녹아있는 듯하다. 다섯 개의 'E'로 시작되는 내용은 제품의 핵심가치Essence, 디지털 기기를 통한 주변 사람들과의 공감대 연계Engagement, 자기만의 느낌과 스타일 표현Expression, 쉽고 편한 사용경험Experience 증대, 친환경Eco 제품 보강 등이다.

윤 사장은 2005년 상무에서 전무로, 2007년에는 부사장으로 그리고 바로 사장으로 초고속 승진을 했다. 1978년에 입사한 이래 그는 TV 개발을 시작으로 제조팀장, 개발팀장으로 많은 실무 경험을 쌓았다. 세계 최초의 튜너 내장형 디지털 TV를 일찌감치 개발한 이도 바로 윤 사장이다.

그래서일까, 그는 전형적인 현장 형으로 잘 알려져 있다. 현장의 목소리를 듣고 그 자리에서 빠른 판단과 함께 결정을 내린다는 것이다.

이제 그가 사장 취임과 더불어 선을 보인 발광다이오드LED TV는 현재 전 세계에서 폭발적인 인기를 얻고 있으며 벌써 백만 대를 돌파했다고 한다. 이뿐만 아니다. 사장으로 취임한 지 채 1년이 되지 않았음에도 미국 시장에서 드디어 일본의 소니SONY를 제쳤다고 각 일간신문에서 톱기

사로 다루고 있다. 판매 수량은 물론 판매금액과 대당 판매가에서도 세계의 초일류였던 소니TV를 제쳤다는 것이다.

오래전 이건희 삼성그룹 회장이 미국의 어느 백화점에 갔을 때 먼지가 뿌옇게 쌓인 채 구석진 곳에 처박혀 있던 'SAMSUNG TV'를 보고 이 회장이 울화가 치밀었다는 이야기가 좀처럼 믿어지지 않는 오늘의 삼성TV이다. 이의 해결사가 바로 윤 사장이었다.

비즈니스위크가 국내 23명의 혁신 기업가로 윤부근 사장을 선정, 발표하면서 "친환경 제품에 대한 소비자 수요가 늘어나고 있는 것을 주시해 삼성의 새로운 LED TV 제품을 개발했다"고 그 이유를 발표했다.

나 또한 일찍 고향을 떠나온 지라 윤 사장과는 일면식도 없으나 그의 형제들은 익히 알고 있는 터라 윤 사장에 대한 글을 쓰기 위해서도 자세히 물어볼 수도 있었지만, 각종 언론에 나와 있는 그와 관련된 많은 글들만으로도 윤 사장의 생각과 채취를 금방이라도 알아낼 수 있을 것만 같았다.

일전에 사촌 가형으로부터 책 한 권을 선물 받았는데 바로 자서전 『돌아가는 배』였다. 한국일보 주필을 역임한 김성우 씨의 자전적 수필집이었다. 경남 통영시 욕지도에서 태어나 육지로 와서 살게 된 각종 이야기가 수려한 문체와 함께 펼쳐지는 내용 하나하나는 내게 정말 대단한 감동을 주었었다. 이를 읽은 조선일보 조성관 편집위원은 섬사람의 성격을 "섬에서 태어나 바닷바람을 맞으며 성장한 사람에게는 독특한 정서가 있다."라고 표현했다.

김민배 조선일보 국장은 "섬사람들은 더 이상 도피할 곳이 없다는 절박함을 갖고 산다."라고 표현하고 있다.

윤부근은 섬사람이었기에 독특한 정서를 지닐 수밖에 없었고 이것이 감성을 불어넣는 디지털 휴머니즘을 통해 인간의 삶을 풍요롭게 하고 꿈을 현실로 실현하겠다는 의지를 나타낼 수 있었던 것은 아니었을지….
섬은 섬이지만 올망졸망 맞대고 있는 남해의 작은 섬들이 아니라 파도
가 일렁이는 망망대해의 외딴섬이었기에 더더욱 도피할 곳이 없는 절박
한 심정으로 그의 삶을 디자인해 오지 않았을까 하는 생각을 해본다.

이 엄청난 기쁨을 어디에 설명할 수가 있겠는가? 고향 후배들에게 이
만큼 큰 희망을 줄 수 있는 것이 따로 있겠는가? 그가 지난여름 고향으
로 달려가 울릉군민과 청소년들에게 꿈과 희망의 메시지를 전했을 윤부
근 사장의 이야기가 듣고 싶어진다. 분명 우리의 울릉도를 짊어지고 갈
그들은 짜릿한 전율을 느끼고 스스로 다독거리며 긴 호흡으로 다짐했으
리라. 윤 선배는 영원한 우리의 멘토라고.

이제 대한민국호가 미래의 먹거리를 어떻게 만들어 낼 수 있을지 '윤부
근' 그의 승부수가 기대된다.

가까운 장래에 고향의 친구들과 함께 '사나이 윤부근'을 논하면서 소
주잔이라도 기울이고 싶다. 울릉도에서의 옛이야기를 함께 나누면서
말이다.

2009년 11월 11일

일본에서 맛본 생선요리

지난 6월 25일, 실로 오랜만에 업무차 일본 오사카大阪에 다녀왔다. 일본도 불경기가 계속되어 모두 힘들어하는 모습이 역력했다. 한국과 마찬가지로 청년 실업자들이 늘어나고 일가족이 생활고를 비관하여 자살을 하는 등 심각한 사회적인 현상이 그곳에서도 계속되고 있음을 느낄 수 있었다.

업무 관계를 대충 마감하고 거래처 손님과 함께 이바라끼 역을 나오자 풍환豊丸이라고 쓰인 간판이 눈에 들어왔다. 큰 간판 밑에 차양을 내고 비닐시트로 가리개를 한 낮익은 식당이었다. 낮이 익다는 것은 서울에서 늘 보던 모습이었기 때문이다. 간혹 이바라끼를 찾아오지만 이 식당은 최근에 만들어진 듯했다. 동행자의 이야기로는 일 년 정도 된 것 같다고 한다. 체인점으로 운영되고 있으며 모든 생선은 산지에서 직접 식당까지 배송되어 옴으로 부담 없는 가격에 품질이 좋은 생선을 먹을 수 있어서 요즘처럼 불경기에는 무척 인기가 좋다고 한다.

오늘은 이곳에서 저녁 식사하기로 하고 십여 분 정도 밖에서 대기했다. 시간이 조금 이른 여섯 시 반 정도인데도 테이블에는 이미 사람들이 그득했다.

왁자지껄한 손님들의 시끄러운 소리, 점원들이 동시에 내지르는 큰 소리(물론 "어서 오세요"도 있지만 종업원 스스로 사기 진작 차원에서 주문을 확인하는 소리를 우정 크게 내는 것도 있다), 담배 연기, 철판을 덧붙인 실용 테이블, 꽁추가 가득한 찌그러진 알루미늄 재떨이, 튀김8 소스를 담는 멜피민

볼, 어지럽게 벽에 나붙은 '오늘의 특선 주문표', 곧 떨어질 것만 같은 덜렁거리는 등, 조그만 세면기와 엄청 큼지막한 소변용 변기 하나만 달랑 있는 남자 화장실.

도무지 일본이라고 생각되는 것이 하나도 없는 듯 했다. 40여 평정도의 서울에서 늘 대하는 조금도 어색한 느낌이 들지 않는 그런 식당 분위기였다. 마치 활기가 넘치는 한국의 어느 식당을 수입해 놓은 인상이었다.

● "平成 21年 6月 25日 木曜日, 튀김요리는 주문용지에 기입하여 주세요."라고 적혀있다.

주문표를 보면 참 재미있다. 매일 매일 당일에 준비가 가능한 주방장 추천 요리를 메뉴판에 기재하여 손님에게 내놓는 것이다. 맨 위쪽에는 "平成 21年 6月 25日 木曜日"이라고 적혀있다. 내가 찾아간 날이 6월 25일이었다. 또한 오른쪽에는 "튀김요리 주문은 별도의 용지에 기입하여 주세요"라고 적혀있다.

대충 70여 개의 요리가 준비되어 있으며 오늘의 특선 요리가 빨간 펜으로 밑줄이 쳐져 있다. 고객을 위한 최대의 배려로 보였다.

물론 튀김요리 몇 개를 용지에 기입하여 종업원에게 건넸다. 무척 어지러운 식당 분위기였음에도 매끄럽게 진행되어 한 치의 오차도 없는 듯이 보였다.

울릉도는 바다로 둘러싸인 섬이다. '섬'이라고 하면 가장 먼저 떠오르는 것이 짠 바닷냄새가 밴 해산물이다. 여기에 시골 인심을 곁들여 내놓는 각종 해산물 요리는 여행을 한결 즐겁게 해줄 수 있는 촉매 역할을 한다.

그런데 울릉도에는 먹을 것이 없다고 모두 이구동성으로 불만을 토한

나는 울릉도 사내

다. 도대체 왜 이런 일이 끊임없이 계속되고 있으며, 쉬 바뀔 조짐이 보이지 않는지 참으로 답답하다. 결국 먹거리에 대한 관광객들의 요구는 한층 높아지고 있음에 반하여 울릉도 현장에서 종사하는 요식업자들은 이런저런 핑계로 현실에 안주하고 있는 것은 아닐까.

짧은 소견이지만 울릉도에는 차별화된 요리가 많지 않다는 것과 종류가 매우 제한적이라는 생각이 든다. 이제부터는 오징어 내장탕, 홍합밥, 따개비밥, 또는 따개비국수, 오징어 불고기 등으로만 손님을 맞을 것이 아니라 도회인들의 기호에 맞게 과감하게 개선되었으면 좋겠다.

가족과 커플을 위한 고급식당의 필요성은 새삼 부언할 필요 없이 꼭 있어야 하는 것이지만 대중을 대상으로 한 이런 식당 또한 필요하다는 생각이 들었다.

오징어나 홍합, 소라를 날 것으로만 제공할 것이 아니라, 좀 더 다양한 방법으로 찌고, 볶고, 굽고, 삶는 형태의 요리 방법으로 바꿔 볼 수는 없는 것일까?

풍환豊丸에서 맛본 다양한 생선요리와 손님에게 서비스하는 시스템, 양질의 재료 등을 보면서 시설도 좋지 않고, 멜라민이나 플라스틱 그릇을 사용하면서도 고객들에게 기쁨을 주는 이런 서민식당도 울릉도 어디엔가 빨리 나왔으면 하는 생각이 귀국길 내내 머릿속을 맴돌았다.

해초오징어비빔밥

한식의 국제화가 최근에 와서 부쩍 많은 이들의 관심의 대상이 되었다. 미국 워싱턴에서 '우리가 즐기는 음식 예술'이라는 긴 이름의 식당 안정현 사장이 '한식 세계화'를 위해 행사를 열고, 한식 알리기에 온갖 노력을 다하고 있다는 소식을 비롯한 각종 한식의 국제화 관련 기사들이 연일 언론을 통해 소개되고 있다.

그녀는 '스시'가 일본을 대표하는 요리가 된 것처럼 한식을 대표할 수 있는 단품 요리가 개발되어야 함을 강조하고 있다. 일본은 1964년 도쿄 올림픽을 전후하여 '스시'를 일본의 대표 음식으로 만들기 시작했다. 단지 '스시' 하나만으로 전 세계에 진출하는 것이 아니라 '작은 일본'을 패키지로 묶어서 진출한 것이다. 일본 술(사케), 도자기, 실내장식, 정원, 꽃꽂이, 다다미방, 기모노, 종업원의 친절, 청결 제일주의 등 일본문화를 몽땅 일본식당에 집약한 것이다.("日 스시는 왜 강한가?"에서 광주요 조태권 회장)

외국인들이 좋아하는 한식으로는 모두 '비빔밥'을 추천하는 데 주저하지 않는다. 물론 예닐곱 종류의 채소에 볶음 쇠고기를 약간 걸치고 고추장에 비벼 먹는 맛이 서양에는 없기에 강한 인상을 주었는지 모르겠다. 사실 비빔밥의 국제화 원조 이야기를 하자면 대한항공이 가장 앞선 선구자가 아니었을까? 20년 전부터 대한항공은 비빔밥을 기내식으로 개발하여 오늘까지도 많은 외국인에게 큰 인기를 끌고 있다.

일본 나리타 국제공항의 CJ푸드시스템이 운영하는 '웰리&돌솥비빔밥' 식당이 공항의 푸드코트에서 매출 2위를 차지했다는 소식과 중국 베이

징의 비빔밥 전문 식당 '대장금'이 한식은 건강식이라는 마케팅 전략으로 성공했다는 소식 또한 전해온다. 이제 비빔밥이 한국을 대표하는 음식에 당당히 오르는 날이 머지않은 것 같다.

울릉도에는 '산채비빔밥'이 어느 음식보다도 관광객들에게 인기가 있는 것같아보인다. 물론 오징어 내장탕 같은 울릉도 특유의 음식도 울릉도를 대표하는 음식이 될 수 있겠지만 이에 비하면 그래도 산채비빔밥이 한 수 위인 것 같다. 원래 울릉도에는 영양이 많고 향과 맛이 좋은 각종 산나물이 많이 나는 섬이어서 산나물비빔밥이 다른 지역의 그것보다 더 짙은 맛을 내는 것 같다.

그러나 울릉도는 바다가 있는 섬이 아닌가? 바다에서 나는 해초를 이용한 비빔밥으로 관광객들에게 선을 보일 수는 없을까? 과문한 탓인지는 모르겠으나 울릉도를 다니면서도 아직 '해초비빔밥'을 손님에게 내놓고 있다는 식당 이야기를 들어 본 적이 없다.

며칠 전 친구들과 들른 경기도 어느 식당에서 '해초멍게비빔밥'이라는 걸 처음으로 접할 수 있었다. 바닷냄새가 물씬 나고 혀끝을 감도는 멍게와 콤비를 이룬 색다른 별미여서 사진을 찍고, 해초가 많은 울릉도에서는 왜 산채비빔밥만 있고 해초비빔밥은 없을까 하고 의아스러웠다.

'해초멍게비빔밥'을 자세히 들여다보니 그릇 바닥에 밥과 약간의 양상추를 깔고 옆으로는 한천, 진두발, 녹색 갈래곰보, 적색 갈래곰보로 세팅되어있고 가운데는 싱싱한 멍게 약간으로 모양새를 내었다. 멍게의 독특한 향과 해초의 향이 잘 어울리는 것 같았다.

해초에 대한 상식이 별로 없어 울릉도의 어리 해초에 대해서도 길 알 수 없으니 기능

● 경기도 어느 식당에서 맛본 "해초멍게비빔밥" 왼쪽 초록색부터 시계방향으로 녹색 갈래곰보, 적색 갈래곰보, 한천, 진두발, 가운데 기 멍게.

할 것 같다는 생각이 든다.

'울릉도의 해초'라고 하면 우선 떠오르는 것이 식용 파래, 대황, 모자반, 톳, 한천, 진두발, 꼬시레기, 돌가사리 등이 아닌가? 갈래곰보가 꼭 있어야만 하는 것이라면 들여오면 될 것이고, 멍게도 꼭 필요하다면 들여오면 될 것이다.

그러나 울릉도에서 잡히는 오징어나 한치를 얇게 썰어 멍게를 대신하는 것도 좋을 것이고 아니면 소라와 홍합을 잘게 칼질하여 멍게 대신에 포인트를 둔다면 더욱 훌륭한 메뉴가 될 것이다. '해초오징어비빔밥', '해초한치비빔밥' '해초소라비빔밥'으로 품목을 다양화하는 것도 한 방법이 될 수 있을 것이다.

전주시에서는 전주비빔밥을 전주의 명물로 만드는 노력이 지금 체계적으로 연구되고 있다. 작년 우연히 전주에 들러 맛본 '전주 한국관'의 '놋그릇 비빔밥'이 깔끔한 인상으로 아직도 내게 남아있다.

일본이 '스시' 단품 하나로 전 세계에 일본의 대표 요리로 각인되었듯이 우리 울릉도도 '산채비빔밥'과 '해초비빔밥'을 울릉도를 대표하는 음식으로 체계화하여 최고의 명물로 만들 수는 없을까?

울릉도 요리사들의 도전 정신이 기대된다.

우리가 우리를 존중하지 않는데 남들이 우리를 존중할까

"코스 요리에서는 '메인 접시'가 어떤 것인지 얼른 구별이 되지 않아요. 갈비찜, 잡채, 비빔밥 중 어느 것이 메인일까요? 일본을 대표하는 스시처럼 한식을 대표하는 단품單品 요리를 부각시키는 게 필요합니다. 프랑스와 일본 요리는 또 얼마나 아름답게 나옵니까. 이런 디자인 개념을 보완하면 가치가 더욱 높아지겠지요."('우리가 즐기는 음식 예술'의 안정현 사장의 대화 중에서, 조선일보, 2009.4.13.)

하츠시마初島에서의 점심

내 고향이 울릉도鬱陵島임을 잘 알고 있는 지인이 아타미 앞의 작은 섬 하츠시마初島에 다녀온 적이 있느냐고 내게 물어온 적이 있었는데 일본에 갈 때마다 내내 하츠시마가 나의 머릿속을 맴돌고 있었다. 그곳에 무엇이 있기에 내게 한번쯤 다녀와 보면 좋지 않겠느냐는 은근한 권유가 있었을까? 아타미熱海에서 30분 정도면 갈 수 있다는 말에 이번 출장길에는 기어코 다녀오리라고 마음먹고 지난 11월 19일에 880명 정원의 '이루바캉스 3세호'라는 긴 이름의 여객선에 몸을 실었다.

인구 수백 명도 아니 되는 조그만 섬에 연간 백만 명의 관광객이 들어온다는데 얼마나 멋진 곳인지 꼭 보고 싶었기 때문이다. 배 선원의 설명으로는 전체가 4㎞밖에 되지 않는다고 한다. 의외로 자그만 섬이어서 약간 실망하였으나 기름 한 방울 떠있지 않고 깨끗한 하츠시마항을 보고는 좋은 섬에 잘 왔구나 하고 위안을 했다.

차량 통행을 제한하고 있어 섬 일주도로는 조용하고 깔끔하게 잘 정돈되어 있었다. 해안가 산책로는 바다와 이어져 있고 숲이 울창하고 공기가 맑아서인지 산림욕이라도 하는 듯 내내 기분이 상쾌했다.

아주 반갑고 낯익은 꽃도 보였다. 울릉도 지척에 깔려 있는 노란 '털머위'였다. 꽃 생김새가 약간 작은 것 같았으나 울릉도의 그것과 같아 보였다. 이곳 일본의 태평양 쪽에 있는 섬에도 울릉도에 있는 털머위가 있다니 반갑고 신기했다.

난국이 정취가 풍기는 수첨과 용설란 등 이름 무른 꽃과 나무들이 ㅇ

랜 파도와 부딪치며 견뎌 온 모습이 역력했다.

하츠시마 아일랜드 리조트에는 풀장과 태평양을 바라보고 즐길 수 있는 해수탕, 작은 식물원과 열대 나무로 쉼터를 만들어 놓은 '아시아 가든', 젊은이들이 모험을 즐길 수 있는 자연체험시설인 '사루토비 SARUTOBI', 숙박시설이 완비된 '아이랜드 캠프빌라' 등을 깔끔하게 잘 다듬어 놓았다.

섬을 한 바퀴 돌고 나니 시장기가 돈다. 내게 여행의 또 다른 의미는 뭐라 해도 색다른 맛을 즐기는 것이다. 해안가 쪽으로 같은 모양의 식당들이 열 채 가까이 늘어서 있다. 무엇을 먹을 것인가, 어느 식당을 고를 것인가를 결정해야 한다.

첫 번째 집을 지나 세 번째 식당의 수족관에 소라와 바닷가재가 싱싱해 보여 이곳을 정하기로 하고 미닫이문을 열자마자, 주인아주머니가 "오늘은 미안합니다. 전 좌석이 예약이 되어서 곤란하게 되었습니다."라고 한다. 냅킨과 젓가락이 전 테이블에 나란히 놓인 걸 보니 전 좌석 예약이 맞긴 맞는가 보다.

결국, 제일 첫 번째 '매가네 마루'라고 쓰인 식당으로 들어갔다. 2,100엔이라고 쓰인 생선 정식이었다. 열 평 남짓한 조그만 식당 안에, 테이블은 방 안쪽으로 네 개와 의자가 있는 테이블 두 개가 전부다. 천황폐하와 도미탁본 정도 이외에는 특이한 장식도 없다. 아주 평범한 시골의 분위기다.

우선 시원한 맥주 한 잔과 사케 1호(소형 병)를 시키고 바다새우(이곳 지역에서 잡히는 '이세에비伊勢海老'라는 약간 작은 가재)도 한 마리 주문했다. 조금 있어 주문한 식사가 차례로 나왔다. 먼저 나온 '이세에비'를 회로 먹은 후에 껍질을 된장국에 끓여서 나왔는데 국물이 정말 시원했다.

트레이에 담겨 나온 정식을 보자. 볼락 조림 한 마리가 통째로 별도의 접시에 나왔다. 전갱이 한 마리를 다섯 살점으로 토막 내어 회로 내놓고 살을 발라낸 몸체는 머리와 꼬리 부분을 대나무 꽂이로 반원 모양으로 구부려서 멋을 내었다. 그리고 껍질을 벗긴 오징어 몇 점, 새우 한 마리, 방어회 세 조각으로 전체를 세팅하고 오른쪽에 소라 한 개를 대나무 바구니에 잘게 쓸어서 담아냈다. 물론 생 고추냉이(와사비)와 감자튀김, 단무지 배추절임 약간과 밥도 따끈하게 만들어 내 와 김이 모락모락 났다.

● 매가네 마루 식당의 정식.

이 정식은 일본 어디에서나 볼 수 있는 아주 흔한 식사다. 일본에서 먹으니 일식이라고 할 수 있지 모르겠으나 우리가 먹는 한국 식사와 조금도 다를 바가 없다. 그런데도 먹는 순간부터 무엇 때문일까 묘하게도 아주 맛있을 것 같은 느낌이 든다. 원재료가 우선 싱싱한 느낌이 들고 깔끔하고 정성이 깃들어 보여 식욕을 돋우었다. 그리고 여유 있는 종업원들의 움직임까지도 문을 나오는 내내 기분이 좋았다.

고향이 섬이어서인지 모르겠으나 난 어디를 가든 늘 울릉도의 그것과 비교하는 묘한 버릇이 몸에 배어있다. 또 한 번 비교하고 싶은 충동이 일어났다.

그래, 수더분한 시골 분위기의 '매가네 마루' 식당도 내 고향의 어느 식당과 다를 바 없다. 소라도 있고, 오징어, 전갱이, 볼락도 다 있다. 도대체 울릉도에 무엇이 없던 말인가? 왜 울릉도의 식당 주인들은 이 정도로라도 맛깔스럽게 음식을 내놓지 못할까? 뭐 이런 것들이 머리를 스치면서 공연히 짜증스러워지는 것이다.

제주도가 바가지 상혼 철폐, 고비용 구조 및 불친절 이미지 개선을 추방한 덕에 올해에 6백만 명의 관광객이 다녀갔다는 신문기사를 읽고 바가지 횡포와 불친절과 고비용이 만연한 울릉도를 걱정하기에 앞서 음식이라도 다른 지역과 확연하게 차별화하면 어떨까 하고 생각해본다. 대한민국 어디에서 볼 수 있는 그런 음식보다 좀 더 맛깔스럽게 달리 만들수는 없을까?

해마다 울릉군에서 실시하는 '향토 음식 개발경진대회'에서 개발된 음식이 얼마나 잘 보급되고 있는지 모르겠으나, 특이한 개발도 좋으나 기왕에 있는 음식을 먹음직스럽게, 깔끔하게 만들 수 있도록 울릉군에서 몇 개의 식당과 협약하여 약간의 예산지원과 컨설팅, 교육을 마련한다면 국제관광섬 만들기에 한 발짝 더 다가갈 수 있지 않을까 생각해본다.

우리 시군 경쟁력은(상) 경쟁력 어디서 나오나

권해상 지역발전위원회 기획단장은 "지표 결과를 지역발전 전략에 반영하고 지역들이 차별화된 경쟁력을 확보할 수 있도록 예산지원과 컨설팅, 교육 프로그램을 마련할 계획"이라고 말했다.(동아일보, 2009.12.01.)

'눈꽃축제'는 이어져야 한다

10일 강원도 화천군 화천천에서 열린 '2010 산천어축제'에 많은 관광객이 몰렸다. 지난 9일 개막 이후 이틀 동안 20여만 명이 행사장을 찾았다. 화천군은 31일까지 이어지는 축제에 최대 100만 명이 참여할 것으로 보고 있다.(조선일보, 2010.01.11.)

동토가 되어버린 한반도 전역에는 눈꽃축제가 한창이다. 눈이 많이 내리는 강원도 북부뿐만 아니라 심지어 충청도조차도 눈꽃축제를 개최하고 있다. 근자에 와서 남부 서해안 쪽에 더 많은 눈이 내리고 있는 것을 보면 이해할만하다.

대표적인 축제로는 화천산천어축제, 인제송어축제, 태백산 눈축제, 대관령눈꽃축제, 인제빙어축제, 평창송어축제를 비롯하여 내장산겨울축제, 화천 바로파로겨울축제 그리고 유일하게 섬에서 개최하는 울릉도의 '눈꽃축제'가 있다. 잘 알려진 유명 축제들은 이미 17회, 18회까지 축제를 개최한 노하우도 가지고 있다.

연간 백여만 명이 넘는 관광객이 몰리는 화천산천어축제가 겨울 축제 중에서 가장 돋보이는 축제여서인지 온 매스컴은 겨울축제 시기만 오면 수만여 명이 모인 하얀 얼음판 위에 조그만 점으로 표시된 많은 인파의 사진을 소개하고 있다. 이 축제에는 산천어 체험, 눈얼음체험, 문화이벤트 프로그램 등이 매우 다양하게 잘 짜여있다.

이렇게 짧은 겨울의 축제는 농한기의 지역 경제를 활성화하려는 지자체와 민간단체의 노력으로 나날이 발전을 거듭해 오고 있다. 물론 정부와 당해 지자체의 지원예산 또한 적다고 할 수는 없다. 포항시의 불꽃축제에는 13억 원의 예산이 투입되고 울릉도의 눈꽃축제에도 1억 3천만 원(문화체육관광부 발표)이나 지원된다고 한다.

대부분의 겨울축제 실무팀들은 일 년 전부터 치밀한 준비를 하여 단체, 개인, 관련 여행사 등에게 사전 홍보활동을 할 수 있는 기회를 제공하고 있다. 가장 대표적인 것이 홈페이지를 통한 홍보활동이다. 물론 단순한 겨울 축제 소개만이 전부는 아니다. 이를 통해서 민박, 홈스테이, 음식점 등을 자연스럽게 소개할 수가 있어서 연중 관광 홍보로 이어지는 부차적인 효과도 거둘 수 있기 때문이다. 홈페이지도 아주 고급스럽게 제작되어 각종 행사 안내는 물론 지나간 추억 댓글도 게시판을 통하여 대부분 게재되어있어 홍보활동에 큰 기여를 하고 있다.

● 울릉도는 2008년에 눈꽃축제를 시작하여 2회로서 막을 내렸다.

표면상의 이유야 신종플루로 인한 일시적인 중단이라고 하였지만, 실상은 여러 지자체들이 너도나도 유사한 축제를 남발함으로써 막대한 예산을 낭비하게 되었고 이를 행자부가 지방교부세 삭감이라고 하는 엄포성 행정지도를 실행하려는 것은 지원액에 비해 효과가 크지 않은 점이 깔려 있는 것으로 보인다. 조금은 안타까운 생각이 든다. 일본 홋카이도에 가서 겨울축제를 연구하고 오는 등 울릉군이 심혈을 기울였음에도 조기에 막을 내린 것이 아쉽다.

나는 울릉도 사내

그래서 개인이 나섰다. '울릉매니아'라는 울릉도 출신 젊은이들로 구성된 여행알선업체가 눈꽃축제를 승계하여 맥을 잇겠다고 일어선 것이다. 그것도 이 비수기에 자체적으로 1인당 5만 원의 선임을 보조하여 눈 내린 울릉도를 소개하겠다고 나선 것이다. 첫 주 행사가 만족스럽게 마무리되었다고 한다. 이들이 운영하고 있는 홈페이지에는 겨울축제를 위한 각종 스펙이 아기자기하게 잘 나열되어있다. 울릉군의 눈꽃축제 소식이 울릉군 홈페이지에 달랑 한 페이지에만 행사 내역을 나열하고 있음에 비해 내용이 알찬 울릉매니아 홈페이지를 아예 울릉군 홈페이지로 대체시키는 것이 나을 것 같다는 생각도 해본다.

　애써 이뤄 놓은 축제를 누군가는 맥을 이어가야 한다. 수년 후 울릉도에 비행기가 뜨고 많은 대형 여객선이 다닐 때를 대비하여 충분한 경험을 쌓도록 해야 한다. 울릉군도 긴 안목을 갖고 민간이 주체적으로 이를 이어갈 수 있도록 지원을 해야 할 것이다. 하루아침에 손을 놓아버려서는 아니 될 것이다. 이는 울릉군 주도로 행사를 하건 민간이 하건 모두 울릉도에 도움이 될 것이기 때문이다. 그들에게 약간이라도 지원을 하여 맥을 잇도록 해야 하지 않을까 하고 다시 한번 생각해 본다.

　젊은이들이 열성적으로 하고 있는 울릉매니아에게도 제안을 하고 싶다. 관광객만을 의식한 축제를 너무 강조하지 말고, 울릉도에 거주하고 있는 주민들을 위한 축제부터 해보면 어떨까 생각해본다. 주민이 좋아하는 축제야말로 종국에는 관광객이 좋아하는 축제로 이어지게 될 것이기 때문이다. 그리고 모두 '×××겨울축제', '×××눈꽃축제'로 '눈꽃축제' 앞에 그 지역의 이름을 넣고 있는 데 반하여 울릉도만 그냥 '눈꽃축제'이다. '울릉도 눈꽃축제'로 그 정체성을 확실히 해두는 것도 좋지 않을까?

제2충무호

울릉도 최대 숙원사업인 섬 일주도로 유보구간인 울릉읍 내수전-북면 섬목(4.3km. 국가지원지방도로 90호선) 간 공사기본계획이 최종 확정됐다.

경북도는 울릉도 일주도로 중 내수전-천부리 섬목 간 유보구간 기본계획이 확정됨에 따라 올해 20억 원으로 공사에 착수하는 등 총사업비 1천 627억 원(국비 1천 617억 원, 보상비 10억 원)을 들여 길이 4.3km, 폭 7.5m를 건설한다.(경북매일, 2009.01.14.)

내수전內水田에서 섬목까지의 미개통 도로가 드디어 착공이 되는가 보다. 공사 기본계획이 최종 확정되었다고 하니 불원간 착수될 것으로 보인다. 울릉주민들의 오랜 숙원사업이었던 일주도로가 수년 후에는 주민들 편의는 물론 관광업 종사자들에게도 큰 도움이 될 것으로 보인다. 도동에서 섬목까지 왔던 길을 되돌아가면 족히 4시간 정도 걸리던 것이 2시간이면 일주를 할 수 있게 되었으니 시간 단축으로 인한 효과뿐 아니라 전혀 알려지지 않았던 새로운 풍광을 또 하나의 볼거리로 제공할 수 있게 되었다.

다만 새로 뚫리는 4.3km에 이르는 도로 중에는 터널이 세 곳으

● 공사 기본계획을 최종 확정한 내수전에서 섬목까지 미개설 구간. 점선은 터널이며 흰 선은 해안도로 구간이다.

로 약 3km, 도로는 1.3km로 대부분이 터널로 되어 있어 아름다운 해안선을 즐길 수 있는 곳이 많이 줄어들어 아쉽긴 하다.

많은 연구 끝에 일주도로를 결국 터널과 교각으로 만들어 가능한 자연을 살리면서 자연재해로 인한 도로의 피해를 최대한 줄이는 방안으로 귀결되었다고 한다. 계획대로라면 원시림과 해안선을 관조할 수 있는 북쪽 경관의 볼거리가 줄어들게 되어 이에 대한 고충이 컸을 것으로 짐작이 간다.

내수전과 섬목 간 옛길 그대로를 보존하고자 하는 것은 모두가 환영하고 있는 일이다. 이 길은 동백나무와 원시림이 울창한 산책로이자 삼림욕의 매력이 넘치는 울릉도의 올레길이기 때문이다. 정매화 골짝에서 석포로 이어지는 길은 조상들이 소를 몰고, 지게를 지고, 보따리를 머리에 이고 넘어오던 정감 넘치는 옛길이 아니었던가.

1980년대 초에 내수전과 섬목으로 운항하면서 울릉주민들의 사랑을 받았던 페리선 충무호가 노후화와 경영상의 문제로 폐업한 이래 아직까지 대체 페리선이 운항을 하지 못하고 있다. 내수전 몽돌해변의 선착장에는 파도만 출렁일 뿐 충무호의 추억은 어디에도 없다. 끊긴 철도를 연상케 하는 쓸쓸함만 가득하다.

예전 서울에서 강화도에 가려면 다리가 없어 페리를 타야 했고, 경기도의 양평대교가 생기기 전에는 광주시와 양평을 직선으로 잇는 페리를 타야만 했다. 지구촌 어디에서나 페리는 쉬 건널 수 없는 물길을 연결해 주는 편리한 도구였다. 이는 단순히 편리함만 주는 것이 아니라 그때 그곳에 있었던 모든 이들의 추억을 만들어 주는 곳이기도 했다.

느긋하게 주위의 해안과 자연을 호흡할 수도 있었고 낭만과 애정을 함께 실어 나르던 조그만 사랑의 배이기도 했다.

일주도로 완성만이 유일한 염원이었기 때문일까. 페리의 운항 재개에 대해서는 누구 하나 관심을 두지 않은 듯하다. 이제 곧 도로가 뚫릴 터인데 페리선이 왜 필요하냐고 반문할지 모르겠다. 그러나 페리가 아닌 유람선이 필요한 이유가 바로 '느림의 미'가 아닐까 하고 생각해본다. 울릉도가 한 때는 슬로시티로 지정받고자 한다는 소식도 있었고 보면 더욱 이런 여유의 도정道程이 필요하지 않을까? 울릉도가 진정으로 국제 관광섬을 지향한다면 단순히, 빨리 스쳐가는 도로만 능사가 아니라 여유롭게 풍광을 즐길 수 있는 또 다른 볼거리도 제공되어야 할 것 같다.

섬 일주도로가 완성되고 나면 편리성 대신에 경관을 볼 수 없는 터널로만 다닐 수밖에 없는 현실이 안타깝다. 이 구간의 아름다운 해안경관을 유람선으로 즐길 수는 없을까? 관광객은 내수전 선착장에 내려 섬목 선창까지 관광선을 타고 짧은 시간이지만 해안경관을 즐길 수 있고 빈 차는 섬목 선착장에 미리 도착해 관광객을 기다리게 될 것이다. 내수전에서 배를 탄 관광객은 와다리를 지나 정매화 골짝의 원시림과 아름다운 해안선을 바라보며 울릉도 최고의 보배라고 하는 삼선암을 한 바퀴 돌 수도 있을 것이다.

이 관광선의 추억은 울릉도의 여행 일정을 마감하는 짙은 감동과 낭만 그리고 아름다운 추억을 남겨줄 것이 틀림없다.

무릇 관광이라는 것은 고객에 대한 최상의 대우와 배려가 매우 중요시되는 것일 터인데 돈이 더 들어서, 귀찮아서, 별 효과가 없을 것 같아서 등등의 이유로 볼거리를 생략하거나 대충대충 처리하고 만다면 울릉도의 관광은 더 이상 희망이 없다. 관광업 종사자들의 보다 세심한 노력과 개선을 기대해 본다. 최고가 되어야 때문이다.

조합장 선거

지난달 29일 치러진 임자농협 조합장 선거를 앞두고 금품이 대거 살포됐다는 혐의를 잡은 경찰이 지난 18일부터 20여 명을 섬에 상주시키며 조사를 진행하고 있다. 조사 대상은 투표권자(조합원) 1,093명 모두다. 섬 1,717가구의 64%로 세 집 중 두 집이 조사받고 있는 셈이다. 경찰은 구체적 혐의가 포착된 조합원은 파출소와 면사무소 등에서 조사하고, 나머지 조합원들은 집이나 마을회관 등을 찾아 면담을 통해 금품수수 여부를 확인해왔다.(조선일보, 2010.02.26.)

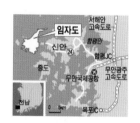

전남 목포에서 66km 떨어진 인구 3,721명의 신안군 임자도의 최근 모습을 그린 신문기사다. 지방자치단체장의 선거가 이제 100여 일도 채 남지 않은 시점에 여기저기서 돈 냄새가 진동하는 선거 소식이 어김없이 찾아오고 있는 실정인데, 농협조합장이 도대체 어떤 위치이기에 전 주민의 3분의 2가 뇌물혐의로 조사를 받고 있다는 것인지 쉽게 이해가 가지 않는다. 돌아가신 선친께서도 수년간 울릉농협조합장을 역임한 바 있지만 이렇게 인기가 좋은 직업인 줄 미처 몰랐다.

그러나 내막을 들여다보면 이 죽기 살기식의 선거는 시쳇말로 장사가 되기 때문에 벌어진 해프닝이 아닌가? 조합장의 연봉이 1억 원이 넘고 수백억 원까지 대출을 해줄 수 있는 막강한 권한까지 가질 수 있다니 조그만 섬에서 이만큼 큰 부와 명예를 가질 수 있는 직업이 그다지 많지 않을 것이다. 시골에서 농사를 진 덕분에 영농에 관해서는 웬만큼 알 테고 좁은 동네다 보니 조합원들 대부분은 거의 다 안면이 있는 터라 조금만 투자해 되기라도 한다면 투자액보다 많은 이익을 남길 수 있다고 판단했을 것이기 때문이다.

비리선거의 대명사 격인 "청도군의 비리"는 이 땅의 정치 희망자들에게 훌륭한 교과서가 되었음은 모두가 아는 사실이다. 2004년 2월에 김상순 군수가 국회의원에게 공천헌금 5억 원을 준 혐의로, 이원동 부군수가 2005년 4월 재선에 당선되었으나 업무추진비 3,800만 원을 부당하게 사용하다가 또 쇠고랑을 찼고 후임인 정한태 군수도 2008년 1월 유권자에게 5억 원을 뿌려 현재 복역 중이다. 이때 조사를 받던 농민 두 명이 자살을 한 소동도 우린 익히 알고 있는 바다.

울릉도에도 최근에 이런저런 조합장 선거가 있었다. 산림조합장은 경선을 거쳐 지난 2월 3일 이석수(63) 후보가 당선되었고, 지난해 있었던 울릉 수협장 선거는 예년의 경선과는 달리 김성호(65) 조합장이 이미 무투표 당선된 바 있고, 농협조합장 선거도 지난 2월 23일 손광목(65) 현 조합장이 무투표 당선되었다는 소식이다.

울릉도를 대표하는 수협과 농협 조합장 두 분의 인품과 도덕성, 경영 능력 등이 모든 조합원을 감동시킨 것이 틀림없을 것이다. 그렇지 않고서야 먹고 먹혀만 할 피비린내 나는 선거전에 언감생심 무투표 당선이 가당치나 한 일이겠는가?

한 분은 경비를 절감하기 위해 관용차를 없애고 자가용으로 공적 업무를 보는가 하면 급여를 장학금으로 내놓는 등 여느 조합장과는 다른 열정이 돋보이고 있다고 한다. 또한 울릉도 사상 처음으로 중앙회의 비상근 이사로 선임까지 되었다고 하니 참으로 대단하다고 아니할 수 없을 것이다. 다른 한 분은 자기자본 비율을 2년 전에 비하여 무려 37억 원이나 증가시켰고 당기 순이익도 15배나 증가시켰다니 이 얼마나 자랑스러운 지역 일꾼들인가?

개인 생각이지만 울릉도에는 조합장 선거가 아예 없어졌으면 좋겠다. 울릉도의 모든 경제권을 담을 수 있는 바구니는 수협과 농협이 아닌가? 선거가 있으면 옆에 있는 지인들이 후보가 될 만한 사람을 부추긴다고 한다. 당신이 최적격자라고, 별 볼 없는 K씨도 하는데 왜 당신은 가만히 있는가 하고 말이다.

이렇게 가까운 이웃들이 이권을 놓고 갈등을 조장하고 나름대로 타당성 있는 논리를 제공한다. 이것이 대한민국 어디에서나 매번 일어나는 지방단체장을 뽑는 선거이다. 결국 집안끼리 원수가 되는 등 볼썽사나운 일들이 자주 일어나는 풍경들이다.

이제 조합 대의원들은 수년간 참고 기다리며 진정한 우리의 지도자를 찾아야 한다. 로마 교황청 지하에서 교황을 선출하는 콘클라베conclave 처럼 며칠 밤을 새우더라도 끝장 토론으로 참된 지도자를 뽑아야 한다. 그리고 참된 가치관을 가진 지도자를 추대하여 무투표로, 만장일치로, 모두 박수로 맞이한다면 얼마나 좋을까?

울릉도 인구의 3분의 1도 아니 되는 조그만 섬 임자도에 농협조합장 후보 다섯 명이 돈 봉투를 뿌리다가 이제 줄줄이 구속될 처지가 되었고 마을 농민들이 부담해야 할 과태료 또한 커서 온 마을의 민심이 흉흉하다는 소식이다. 그들이 울릉도에 와서 배우고 갔으면 좋겠다.

마침 울릉선관위에서도 울릉도를 돈 선거 없는 청정지역으로 하자는 캠페인을 벌이고 있다고 하니 앞으로는 어떤 지도자를 뽑던 돈을 주고 표를 사는 일이 기필코 없어야겠다.

군수 선거에 앞서 양대 조합장의 깨끗한 무투표 당선이 향후의 울릉도 기관장 선출에 서장이 되지 않을까?

이참과 Mr. Crawford

● 한국관광공사 이참 사장과 기상대 기상선진 화단장 Mr. Crawford.

이참 한국관광공사 사장은 25일 "세계 어느 나라에서도 찾아보기 어려운 한국인 고유의 에너지를 잘 활용한다면 세계 1등 관광대국으로 발전할 수 있는 잠재력이 충분하다"라고 말했다. 이 사장은 이날 오전 인천시 연수구 동춘동 라마다 송도호텔에서 인천경영 포럼이 마련한 조찬강연회에 참석해 '한국문화관광 진흥방안 흥興, 정情, 기氣'란 주제 강연에서 이같이 강조했다.

그는 "한국은 단기간에 큰 성공을 이뤘는데 그 변화의 원동력에는 한국인의 에너지가 있었다"며 "신명나는 에너지(흥)와 감성적인 에너지(정), 자연에서 나오는 에너지(기)를 잘 이용하면 한국으로부터 문화적 영감을 받기 위해 외국인 누구나 찾고 싶어 하는 나라가 될 것"이라고 주장했다.(연합뉴스, 2010.03.25.)

해가 바뀌고 3월도 며칠 남지 않은 봄날이건만 그래도 을씨년스러운 날씨다. 오늘은 오랜만에 대학 동기들이 필드에 나가기로 약속된 날이다. 중부 고속도를 벗어나자 빗방울이 차창에 약간씩 부딪힌다. 허許 사장이 운전을, 난 뒤에서 신문을 뒤척이고, 조趙 교수가 앞자리에서 이런 저런 대화를 끌고 나가고 있다.

그냥 그치는 비겠지. 오랜만에 나왔는데 괜찮을 거야. 우리가 언제 비 와서 안친 적 있어? 아니야 일기예보 들었는데 오늘 비는 지금부터 시작이래. 내일은 영하 2도래. 요즘 일기예보는 잘 맞아.

날씨가 주요 변수이다 보니 뭐 대충 이런 이야기를 하면서 앞서거니 뒤서거니 11시쯤 모두 클럽하우스에 모였다. 다른 두 친구는 가방을 내려놓고 프런트에서 대기를 하고 있다가 빈손으로 들어오는 우릴 보고 깜짝 놀란 표정이다. 왜 골프백이 없느냐고? 비 때문에 어떻게 될지 몰라 일단 빈손으로 들어왔어.

비가 곧 그칠 거라는 측과 내일 아침까지 계속될 거라는 측의 상반된 의견이 분분하다. 허䨯 사장이 "요즘은 일기예보가 정확해요."라고 한다. 그러자 옆에 있던 누군가가 그 이유를 친절하게 설명을 한다.

"그래, 대통령보다 월급이 많다는 미국인 기상 담당관이 오고서는 아주 정확해졌어."

밖을 보니 빗방울은 계속 떨어지는데 먼 산에는 안개가 위로 올라가고 있어 곧 갤 것도 같다. 그냥 쳐 볼래 어쩔까 하는 소리도 들린다. 그러나 분명히 오늘 오후부터 비가 많이 내린다는 예보가 있었다고 한다. 기상대 예보를 믿느냐 마느냐로 잠깐 소란스러워졌으나 모두 그 기상관(기상선진화단장)인 Kenneth. C. Crawford가 오고부터는 확실히 달라졌다고 하면서 오늘 골프는 그만두는 것으로 의견이 모아졌다. 우리는 결국 기상대를 믿는 것이 아니라 Mr. Crawford만 믿고 비가 많이 올 것으로 확신을 한 것이다. 어차피 놀러 온 하루인데 점심 먹고 가볍게 한잔하면서 천천히 가기로 했다.

누군가가 현재 관광공사 사장인 독일 출신 '이참'의 기사를 아침에 읽었다면서 기득권을 배제하고 열린 생각 없이는 기상대는 말할 것도 없고 저각에 처먹이는 ? 끄니끄 낀꾄도 ㄱ힐 ⹋ 없다고 밀난나. 삼성선사, ㅤㄴㅌ

전자, SK 등에서도 이미 외국인 직원은 물론 많은 외국인 임원들이 자리를 꿰차고 있다고 부언하면서 발전을 위해서는 처절하게 쇄신해야 한다는 데 모두 공감했다.

결국 날씨 때문에 기상대 이야기가 나왔고 기상대는 결국 열린 마음으로 외국 전문가를 과감히 채용함으로써 일기예보가 척척 들어맞게 되었다는 것으로 귀착되었다.

친구들의 이런저런 이야기를 듣고 보니 우리나라 일기예보가 최근에 와서 많이 정확해진 것 같다. 기득권을 과감히 깨버린 결과가 아닐까 한다. 이제는 기업뿐만 아니라 지역사회도 "우리끼리"의 순혈주의純血主義만으로는 아무것도 이룰 수 없는 시대에 살고 있다는 것을 실감하고 있다. 그야말로 조그만 지방자치단체도 글로벌과 거리를 두어서는 살아남지 못한다는 중요한 메시지를 던져주고 있는 것은 아닌지?

우리 고향 울릉군의 캐치프레이즈가 "국제 관광 휴양섬"이 아니던가? 군이 '기상선진화단장'이나 '관광공사 사장' 같은 유능한 외국인까지 초빙하여 군수보다 많은 연봉을 주면서까지 인재 확보를 위해 고민할 필요가 있겠느냐마는 고향을 떠나 여러 분야에서 많은 걸 배우고 체험한 훌륭한 고향 출신 인재를 최대한 활용하는 혜안이 있었으면 좋겠다. 그야말로 열린 마음으로 말이다.

그러나 우리의 현실은 어떤가? 그저 우물 안 개구리처럼 밖으로부터의 말은 잘 들으려 하지 않는다. 우리는 같은 말이래도 외국인이 하면 감동을 받아 그것이 마치 진리인양 추종하려 하는가 하면 내국인이 똑같은 말을 하면 무시해버리는 속성을 가지고 있지 않았던가?

이제 울릉군의 관광 발전을 획기적으로 끌어올리기 위해서 외국인을 수입해야만 할 것인가 귀추가 궁금해진다.

울릉도 유학

    울릉도에서도 오지로 꼽히는 서면 남서리 울릉서중학교(교장 김홍중)가 올 하반기 '학생들이 돌아오는 농산어촌 전원학교'로 지정된 이후 육지 학생 전학이 잇따르는 등 새로운 도약을 꿈꾸고 있다.(경북매일 2010.12.03.)

    육지의 어린 학생들이 이제 울릉도로 유학을 온다는 소식이다. 지금은 해외 유학이 많아 유학하면 해외에서나 공부하는 것으로 간주할지 모르겠으나 내가 울릉도에 거주(주로 방학 동안에)하고 있을 무렵에는 유학생이라는 말은 그리 낯선 단어가 아니었다. 부모들은 울릉도에 생활 터전을 가지고 있고 그나마 형편이 다소 나은 일부 아이들은 공부하러 육지로 떠나는 것이 보편화 되어 유학이라는 말에 꽤 익숙해졌기 때문이다.

    사전에는 '留學(유학)'을 해외에 머물면서 공부하는 것이라고 했고, 또하나의 '遊學(유학)'은 타향에서 공부하는 것이라고 했다. 이렇고 보면 우린 타향에서 공부하는 유학생遊學生이었던 셈이었다. 놀 유遊가 약간 거슬리긴 하지만 말이다.

"철이 엄마도 애들을 육지로 유학 보냈어요?"

"예, 애들 장래를 생각해서 유학 보냈습니다."

그랬다. 당시에는 육지에서 공부하는 학생들을 모두 유학생이라고 했다. 세상이 좋아지고 지방자치가 만개하면서 최근 울릉도에서도 어린 학생들이 육지 유학을 넘어서 미국에서 한 달간 체류하는 단기 유학까지 하고 있다니 많은 변화임에는 틀림없다.

남서리에 있는 울릉서중학교(김홍중 교장)가 정부로부터 농산어촌 전원학교로 지정되었으며 이미 몇 명이 전학을 왔다는 소식도 있다. 굳이 교육과학기술부 지정학교로 지정되지 않더라도 울릉도의 초등학교는 물론이고 중학교, 그리고 고등학교까지 육지 학생을 유치하여 울릉도는 대한민국 내에서 학생들이 가장 가고 싶어 하는 농어촌 유학의 대상이 되었으면 하는 마음 간절하다.

구체적으로 어떻게 운영할지 자세한 내용을 접할 기회가 없어 아쉽기는 하나 주된 내용을 보면 친환경과 E-러닝 첨단 교육시설(개인별 태블릿 PC에 의한 교육, 전자 칠판 시설)확보로 소수 정예 개별 학습지도가 가능하다고 하며 이에 따라 창의적인 교육과정, 꿈과 행복을 만드는 교육활동 강화, 체험활동을 통한 배려와 나눔 실천 등을 통해 열악한 교육적 환경을 극복하고 소규모 학교의 특성에 맞는 학생의 소질 계발과 학습에 대한 애착심 고취에 온 정성을 쏟을 예정이라고 한다.

제법 그럴듯한 미사여구다. 모처럼 열성을 가지고 추진하는 선생님들에게 쓴소리를 하고 싶지 않으나 굳이 '글로벌 인재 양성 전원학교'라는 너무 거창한 목표에 집착하지 말았으면 하는 마음이 솔직한 심정이다. 친환경, 첨단 교육시설 그리고 소수정예 교육만으로 창의적인 교육을 비롯한 여러 목표가 달성되는 것이 아니기 때문이다.

거창한 계획으로 뛰어들었다가 정부의 지원이 다소 느슨해지면 용두사미에 거칠까 보아서다. 우린 시작은 항상 요란하나 조금만 지나면 또 하나의 공염불이 되고 마는 숱한 사례들을 접하고 있으니 말이다.

이미 오래전부터 일본에서는 산촌 유학을 실시하여 그 성과가 꽤 있는 듯하다. 2007년 현재 일본 산촌 유학은 행정이 주체인 곳이 20%, 지역 주민과 학교가 주체인 곳이 60%, 민간단체가 주체인 곳이 20%나 된다고 한다.

정부가 단기적인 성과에 집착하여 일시적인 지원을 해줘도 한계가 있을 것인데 울릉도로서도 이를 절호의 기회로 인식하고 농어촌 유학 운동을 장기적인 플랜을 갖고 추진해야 될 것 같다. 즉, 군과 학교, 군민, 민간단체 등이 각각의 역할로 줄기차게 이를 밀고 나갈 때만이 남서중학교뿐만 아니라 초등학교, 울릉고등학교 등에도 유학생이 몰려올 것이기 때문이다.

농협중앙교육원 전성군 교수의 자료에 의하면 경기도 양평의 조현초등학교는 컴퓨터, 가야금, 한국화, 피아노, 영어, 스포츠댄스, 골프, 사물놀이 등의 과정을 개설했고, 전북 완주의 봉동초등학교 양화분교는 농촌 유학생을 위해 기숙센터까지 마련하고, 방과 후에는 이 센터에서 원어민 영어 교사 강좌, 요가와 명상, 자연 체험, 한지 공예 등을 가르치며, 2주짜리 짧은 산촌 유학 프로그램을 운영하는 경남 함양의 마천초등학교 등도 대표적인 사례로 집중 연구가 되어야 할 것 같다.

해외에 살고 있는 교포 자제들이 방학을 맞아 그들의 부모가 태어나고 살았던 고국으로 건너와 몇 주간씩 한국의 문화, 풍습 그리고 언어를 배우듯이 울릉도의 초등학교, 중학교 그리고 고등학교에서도 향우들의 자제를 모집하여 2주 정도 알찬 커리큘럼으로 단기 유학이라도 시켰으면 하는 마음이 문득 든다.

이젠 숍인숍이다

울릉도 유일의 안경점이 불황으로 폐업할 것으로 알려지자 울릉지역 학생 및 지역민들이 안타까워하고 있다. 울릉읍 도동 울릉읍사무소 위에 위치한 안경점이 손님 감소로 불황 끝에 폐업 직전에 있어 안경에 의존해 생활하는 많은 사람이 불편이 예상되고 있다.(도민일보, 2010.12.14.)

날씨가 을씨년스러워서일까 계속 우울한 소식이 저 멀리 떨어진 울릉도로부터 들려온다. 울릉비행장 추진이 실패를 했다느니, "형님예산"의 영향으로 전체 예산이 오히려 삭감되었다느니, 오징어가 잡히지 않아 울릉도 경제가 파산지경이라느니 기쁜 소식이 별로 없는 듯하다.

2002년경 울릉도에 와서 하나뿐인 안경점을 운영하고 있다는 김모 씨가 장사가 아니 되어 폐업을 할 수밖에 없는 처지라는 소식도 들려온다. 안경 수요는 늘어나고 있는데 정작 장사는 안 되어 가계 문을 닫을 수밖에 없다는 그 아이러니는 무엇일까?

기본적으로 울릉도는 오징어나 산나물이 풍요를 이루고 관광객이 넘쳐나 경기가 활성화되지 않으면 자체 소비 인구만으로 점포 운영이 어렵다는 것은 누구나 익히 알고 있는 사실이다. 그러나 또 하나의 원인은 의외로 엉뚱한 곳에 있는 듯하다. 바로 많은 소비가 육지에서 이루어지고 있다는 것이다. 많은 울릉 주민들이 포항 등 육지로 나가 쇼핑을 하거나 서비스를 이용함으로써 울릉도의 유통경제가 갈수록 황폐화되고 있다는 것이다. 교통의 편리성이 경제를 악화시킨 셈이다.

4~5년 전만 하더라도 도동항까지의 편도선임이 7~8만 원 정도로 높아 육지나들이가 지금처럼 용이하지 않았으나 선박 항해 시간이 단축되고 하루에도 몇 차례 여객선이 드나들고 주민들의 선임이 5천 원으로 인하되면서 육지 나들이가 일상화됨으로써 울릉도 경제는 이미 파산선고가 예고된 바 있었다. 2006년도에 만들어진 도서 지역 주민들에 한해 적용되는 최고운임제는 울릉도 경제를 완전히 바꿔놓고 만 것이다.

그동안 비싼 요금 때문에 자주 나갈 수도 없었던 육지를 저렴한 비용으로 쉽게 다녀올 수 있고 덤으로 예전의 선임으로는 생필품까지 구입할 수 있게 되었으니 주민들의 입장에서 보면 참으로 엄청난 변화가 일어난 것이다. 울릉도 개척사 120여 년 만에 그려진 새로운 풍속도인 것이다.

어른들이 계시는 고향에서는 마음대로 놀 수 없었던 젊은이들은 누구의 간섭도 받지 않을 뿐만 아니라 비용도 적게 드는 육지로, 육지로 나올 수밖에 없지 않은가?

동창회나 송년회 같은 모임을 포항에서 하는 것이 당연시되고 주말을 이용한 가족외식, 결혼식, 환갑잔치, 친구들 모임도 대부분 육지로 나와서 하게 될 것이다.

또한 울릉도 주민을 위한 생필품을 알선, 배달해주는 전문 서비스업체가 등장했고 포항의 요식업체 및 생필품업체들은 경쟁적으로 각종 서비스와 할인을 해주고 있다는 소문도 들은 바 있다. 이러한 소비 형태는 이미 고착화 되어 있는 듯하다.

내년부터는 포항, 묵호에서뿐만 아니라 울진의 후포항과 강릉항에서도 새로운 선사들이 경쟁적으로 뛰어들어 배를 띄운다고 하니 울릉도의 시장경제는 더욱 어려움을 겪을 것으로 보인다. 일 년에 고작 6개월 정도의 관광객으로는 관광객들이 늘어나도 유통업체들의 경기가 활성화되기는 어려울 것으로 보인다. 단체 관광객들이 소주 박스를 들고 한겨레호에서 내리고 있는 현실을 보면 울릉도의 현주소를 잘 말해주고 있는 듯하다. 물가가 비싼 울릉도 여행에는 소주마저 준비해 가는 것이 당연시되는 이런 상황에서 과연 관광객이 늘어난다고 매출이 늘어날지 의문이 들지 않을 수 없다. 모든 문제를 한꺼번에 해결할 수는 없지 않은가? 할 수 있는 여러 방안을 찾아내어 하나씩 해결하려는 노력이 있어야만 할 것이다.

여기에서 난 숍인숍을 제안하고 싶다. 즉, 점포 안의 점포를 말이다. 한 주인이 여러 형태의 상품을 진열하여 판매하거나 아니면 각기 다른 점주들이 모인 공동 숍인숍도 좋다. 이미 오래전부터 수도권의 약국들은 이를 실천하고 있다. 약국 한 점포 안에 각자 다른 주인들이 진열상품을 최소화하고 매장 면적을 효율화하여 각종 약과 화장품 그리고 가벼운 잡화점을 동시에 운영하고 있다.

안경점도 마찬가지로 잡화점, 문방구, 생활용품점 등으로 숍인숍 형태의 점포 운영을 하면 점주들의 임대료 부담이 대폭 줄어들 것이며, 소비자들은 한 곳에서 다양한 제품구매를 할 수 있어 점주들과 소비자들에게 모두 이익이 될 것이다.

가격 또한 지혜를 모아 육지와 동일한 수준으로 유지될 수 있도록 하고 주민들이 꼭 필요한 필수품을 선별 구입하고 점주는 육지의 거래처와 구매대행 계약을 맺어 신속하게 소량 주문을 서비스하는 등 온갖 노력을 한다면 이 위기를 벗어나는 데 도움이 되지 않을까? 울릉군도 이를 민간의 문제로만 볼 것이 아니라 민과 관이 지혜를 모아 협력한다면 육지에서 이곳 울릉도까지 와서 운영하는 김씨 아저씨의 안경점이 살아날 수 있지 않을까 마치 내가 죄인인양 안타까움에 머리가 숙여진다.

울릉도 홍보전략

울릉군은 지난해에 비해 올해 관광객 방문이 큰 폭으로 감소함에 따라 관광 비수기를 맞아 적극적인 마케팅으로 울릉도를 알리고 있다.(중략) 이에 따라 울릉군은 관광객 유치를 위한 홍보전략을 수립하고 울릉도·독도 홍보를 지속적으로 추진할 계획이다.

한편 군은 경주국립공원과 ①MOU 체결을 통한 상호교류 팸투어 ②주요 국제관광박람회 홍보부스 운영, 대구·광주 등 주요 대도시 순회 사진전 등을 개최하며 ③다양한 마케팅 전략으로 울릉도를 홍보해 관광객 유치에 전념을 다하고 있다고 밝혔다.(경도일보, 2010.12.15.)

울릉도는 이제 관광과 관련된 이야기를 빼놓고는 그 어떠한 사안도 큰 이슈가 되지 않을 만큼 모든 화두가 관광이 된 지 꽤 오래 되었다.

최근 수년간 관광객도 많이 늘어났고 이에 따른 호텔 건립도 속도를 내고 있으며 내년부터는 여객선도 강릉과 후포에서 각각 손님을 맞이할 준비를 하고 있고 포항에서는 하늘을 나는 위그선도 뜰 준비가 되어 있다는 소식이다. 관광의 인프라가 착착 갖춰져 가는 모습이 보인다. 참으로 다행스러운 일이다.

그러나 울릉도는 관광의 연륜이 짧아서일까 총체적으로 많은 문제점을 가지고 있음은 새삼 부언하지 않아도 많은 사람이 인정하는 현실이다. 일일이 다 열거할 필요를 느끼지는 않으나 일부를 제외한 대부분 낮은 수준의 숙박시설, 먹거리 부족 및 저급화, 불친절, 바가지 상혼, 울릉

● 서울 명동 로얄호텔에서 주요 신문사 관광기자 간담회를 주관하고 있는 정윤열 군수.

군민들의 관광 의식 부재 등 아직 갈 길이 멀기만 한 것 같다.

올해에는 어쩐 일인지 관광객 수가 줄어들었고 이는 관련자 모두에게 큰 충격이었나 보다. 관광객 수가 줄어든 것이 단순히 내국인의 외국여행 증가로 인한 상대적인 감소현상일 뿐일까? 최근 몇 년간 관광객이 늘어난 것은 환율 파동으로 인한 국내여행의 자연 증가와 독도문제의 이슈화로 인한 안보관광 등에 무임승차한 것은 아닐지 자문하고 싶어진다.

관광이 이미 우리 일상의 일부로 된 지 오래되었기 때문에 특정 전문가들만의 전유물이 아니라 일반인들도 많은 아이디어를 가지고 있고 나 또한 그 중의 한 사람으로서 평소에 느낀 점이 적지 아니 있는 것 또한 사실이다.

너무 의욕적으로 모든 걸 해결하려 하면 자칫 무리수를 두어 차질을 빚을 수도 있음으로 적절한 예산 확보를 위해 당사자들을 어떻게 설득할 것인지, 예산 범위 내에서 최대의 효용가치는 무엇인지를 꼼꼼하게 따져서 지혜를 모았으면 하는 마음 간절하다.

울릉군이 추진하겠다는 위에 열거한 몇 가지 주요한 계획인 ① MOU 체결을 통한 상호교류 팸투어 ② 국제관광박람회 홍보부스 운영 및 순회 사진전 ③ 다양한 마케팅 전략으로 울릉도를 홍보하는 등은 울릉도를 다녀올 때마다 평소 느끼고 있던 것이어서 이를 3회에 나누어서 생각해보고자 한다.

1회: 팸투어 — 2회: 울릉도·독도 사진전 — 3회: 울릉도 관광 안내서

팸투어

울릉군은 관광객 유치를 위한 홍보전략을 수립하고 울릉도·독도 홍보를 지속적으로 추진할 계획이다.

한편 군은 경주국립공원과 ① MOU 체결을 통한 상호교류 팸투어, 주요 국제관광박람

● 2007년 경주에서의 팸투어 참가자들.

회 홍보부스 운영, 대구·광주 등 주요 대도시 순회 사진전 등을 개최하며 다양한 마케팅 전략으로 울릉도를 홍보해 관광객 유치에 전념을 다하고 있다고 밝혔다.(경도일보, 2010.12.15.)

울릉군이 관광객 유치를 위한 홍보전략을 수립하고 이를 지속적으로 추진한다는 소식은 내게 신선한 충격을 주었다.

울릉군에서도 이미 수년 전에 언론사 기자들과 여행사 대표들을 초청하여 울릉도를 소개하는 팸투어가 있었고 나도 동참할 기회가 있었다. 그리고 우연한 기회에 몇몇 도시의 팸투어에도 참가할 기회가 있어 팸투어의 필요성과 그 실상을 체험할 수 있었다.

최근에 와서 여러 지자체가 관광객 유치에 온갖 노력을 하고 있고 그중 가장 먼저 시도되는 것이 팸투어인 것 같다. 광고를 통한 홍보는 결국 밑 빠진 독에 물 붓기식으로 엄청난 자금이 소요될 뿐만 아니라 이글

매년 되풀이해야 한다는 점 또한 큰 부담이 될 수밖에 없다.

광고가 아닌 여러 형태의 홍보를 통해서 가장 적은 비용으로 관광객을 단기간에 유치할 수 있는 실체에게 집중투자를 하여 관광객을 바로 유치해 올 수 있는 전략이 바로 이 팸투어다. 즉, 매스컴을 통해 홍보를 극대화할 수 있는 언론사의 기자들과 관광객을 직접 유치할 수 있는 여행사의 대표들을 초청하여 이들에게 감동을 줌으로써 최소 비용으로 최대의 관광객을 유치하는 발판을 닦고자 하는 전략인 것이다.

팸투어의 전문가라면 울릉도 출신 한국드림관광(주)의 이정환 회장이 있다. 이 회장은 오래전부터 한국관광클럽의 회장을 맡아오면서 여러 지방자치단체로부터 팸투어를 요청받아 왔고 나도 함께 다녀올 기회가 몇 차례 있었다.

수년 전 경주 엑스포는 한국관광클럽과 MOU를 체결하여 2박 3일간 언론사 기자와 관광사 대표들을 초청하여 정성을 다해 대접하는 것을 볼 수 있었다. 관광지 소개는 물론이고 '최부자집'에서의 멋진 만찬과 관련 실무자들과의 친분 쌓기, 최고급 호텔의 숙박 등 세심한 배려가 곧바로 비즈니스로 연결될 수 있는 가능성을 엿볼 수 있었다.

제천시에서 초청한 팸투어에도 참가를 했다. 천주교 발상지, 솟대 박물관, 의림지, 청풍 망월산성 등을 차례로 돌면서 모두 관광 상품 개발에 머리를 맞대고 있었다. 그리고 청주시에서 준비한 팸투어에도 참가를 했다. 청주시에 있는 최고급 호텔의 환영식에는 관광 안내 내용이 영상으로 자세하게 설명되었고 시장의 그 열성적인 환대는 많은 관련자들을 흐뭇하게 하는 것도 일견하였다. 후문에 의하면 총 경비가 오천만 원이나 소요되었다고 했다.

팸투어의 필요성은 두말할 필요 없이 최소 비용으로 최대의 효과를 올리고자 하는 데 있다. 핵심은 수천만 원의 예산을 들여 실시하는 프로젝

트인 만큼 어떻게 해야 최대의 효과를 거둘 수 있는가 하는 점이다.

가장 중요한 것은 그들에게 감동을 주어야 한다는 것이다. 관광지를 무엇으로 만들고 관광객들에게 어떤 감동을 줄 것인가는 논외로 쳐도 실질적으로 손님을 모을 수 있는 여행사 대표나 관광지 선택을 망설이고 있는 소비자들에게 멋진 사진과 글로 소비자들을 유혹할 수 있는 힘을 가진 언론사의 기자들에게 먼저 감동을 주어야 한다는 것이다. 애써 돈을 들이고서도 그들에게 감동을 주지 못한다면 효과는 반감되기 때문이다.

몇 가지 방안을 생각해보고자 한다.

첫째, 소그룹을 만들어 밀착 동행을 하고 감동을 주어야 한다. 관계 공무원 한 사람이 7~8명 정도로 된 그룹을 책임지도록 하고 이 그룹의 안내자가 되어 투어가 끝날 때까지 밀착 동행을 하여 친구로 만들어야 한다는 것이다. 다른 지자체에서도 대동소이하지만, 보통의 경우 일단 투어가 시작되면 관련 공무원들 몇몇이 버스 앞에서 인사를 하든가 관광지까지 안내를 하는 게 고작이다. 사오십 명의 일행에 관계자 한두 명이 막연하게 대응한다면 아무런 감동을 줄 수 없다. 역시 소그룹으로 밀착하여 동행하는 것이 핵심이다. 소그룹 담당자를 두어 친밀도를 높이고 서로가 필요로 하는 정보를 주고받을 수 있도록 해야 한다는 것이다. 관련 공무원은 참가자들의 어떠한 요구사항도 해결할 수 있는 심부름꾼이 되도록 뛰어야 한다는 것이다. 관련 공무원들의 열성으로 그들에게 감동을 주는 것 또한 매우 중요하다.

둘째, 치밀한 기획을 세워 연중 사업으로 지속해야 한다. 보통의 팸투어는 관련 공무원들이 대외 홍보용 자료를 영상으로 보여주거나 안내서 등을 준비하고 군수의 인사와 만찬을 같이 하는 정도다. 여기에 덧붙여 좀 더 섬세하고 치밀한 준비가 필요하다. 일행이 도착하기 전부터 그룹별 담당자를 확정하고 이에 속한 당사자의 기본 정보를 터득해야 하며 그들에게 끊임없는 질문을 함으로써 그들의 요구사항이 무엇인지를 간파해야 한다. 물론 해당 공무원들은 팸투어를 어떻게 가져갈 것인지를 수 차례의 미팅을 통해 사전 준비를 해야 하며 이를 종합하여 실질적이고 구체적인 관광객 유치 전략을 세워야 할 것이다. 왜냐하면 그들은 대한민국 구석구석 어디든지 관광객을 모시고 가는 프로들이기 때문이다. 그들이 돌아가도 해당 당사자가 주기적이면서 계속적으로 연락을 취하고 관계를 유지함으로써 각종 정보를 교환할 수 있어야 한다.

소비자들은 쉽게 망각하기 때문에 일회성 홍보로는 별다른 효과를 거두기 힘들다. 팸투어를 연중행사로 하되, 수도권과 기타 지역으로 나뉘어 팸투어 내용을 다양화하고 여행사 대표뿐만 아니라 실무급 책임자를 별도로 초청한다든가 언론사 기자들을 별도로 초청한다든가 하여 지속적으로 정례화 하는 것이 바람직하다고 할 수 있겠다.

셋째, 모니터링을 철저히 하여 이를 한 단계 높은 팸투어로 가져가는 것이다. 즉, 팸투어가 끝난 이후 당해 언론사의 취재 내역을 면밀히 체크하여 별도로 사후관리를 하고 울릉도에 입도하는 관광객의 주선 관광회사를 추적하여 연간 입도 회수, 관광사별 입도 인원 등을 체크하여 자료를 모으고 이를 토대로 하여 다음 팸투어에 대비하는 것이다. 물론 팸투어 담당자를 별도로 두어 종합관리를 하는 것도 바람직하다.

결국, 팸투어는 가장 실효적인 홍보전략의 하나일 수 있으나 이를 철저한 사전 준비와 지속적으로 행하되 그 내용을 업그레이드하고, 일방적인 홍보전략에 그치지 않고 고객의 이야기를 귀담아들을 기회로 삼을 때 그 효과는 극대화될 것이다.

울릉도·독도 사진전

울릉군은 관광객 유치를 위한 홍보전
략을 수립하고 울릉도·독도 홍보를 지속
적으로 추진할 계획이다. 한편 군은 ② 주
요 국제관광박람회 홍보부스 운영, 대구·
광주 등 주요 대도시 순회 사진전 등을 개
최하며 다양한 마케팅 전략으로 울릉도를
홍보해 관광객 유치에 전념을 다하고 있
다고 밝혔다.(경도일보, 2010.12.15.)

● 명동 외환은행 본점 옆에서 홍보
활동의 일환인 사진 전시회가 진행
되고 있다.(2009년 9월)

국제관광박람회의 홍보부스를 구체적으로 어떻게 운영하겠다는 것인
지 알 수 없으나 만일 이것이 울릉군의 2011년도 계획이라면 말리고 싶
다. 최근 3년간 문화관광과의 평균 홍보비가 고작 수백만 원 밖에 아니
되는 현실에서 다른 지자체에서 하고 있는 온갖 계획들을 추진하려는
것은 예산 부족으로 힘들어하는 울릉군의 면밀한 손익계산에서 나온 것
인지 의문이 아니 들 수 없기 때문이다.

홍보 타깃이 외국인이라면 소요 비용에 비하여 그 효과는 미미할 것
으로 판단된다. 왜냐하면 아직까지 울릉도의 관광 인프라는 초기 단계
에 머물고 있어서 내국인조차 불평불만을 늘어놓는 현실인데 관광문화
와 관광인프라가 세계화가 되어 있지 않는 울릉도에서 외국인을 유치하
겠다는 발상은 정말이지 시기상조로 보인다. 비록 론리 플래닛 매거진에
서 울릉도를 세계에서 가장 흥미로운 비밀의 섬 열 곳 중에 하나도 신장

하였다 하여도 조금도 흥분할 일은 아니라고 본다.

우선 내실을 다져서 일등 상품을 내놓을 수 있을 때 울릉도를 외국인들에게 소개해도 늦지 않을 것이기 때문이다.

입도 관광객의 숫자가 감소한다고 하여 온갖 이상적인 아이디어를 내어 이를 구체화하려 한다면 이는 모래성을 짓는 것과 다를 바 없다. 우선 적은 비용으로 손님을 끌어들일 수 있는 현실적인 방안을 모색해야 할 것이다.

주요 대도시를 대상으로 한 사진전을 개최하여 내국인들에게 울릉도에 대한 환상을 심어주고 이를 곧 관광으로 연결시키자는 아이디어는 울릉도만이 가능한 멋진 발상임에 틀림없다. 물론 울릉도보다 오히려 더 관심을 가질 수 있는 독도 사진을 병행하여 전시함으로써 한번쯤 다녀오고 싶은 충동을 일으키기에 충분할지도 모르겠다.

우연한 기회에 울릉도 사진전이 열리는 몇몇 곳을 다녀온 나로서 항상 느끼는 것이지만 이런 식의 사진 전시회는 아니하는 것보다 못하지 않느냐는 생각이 들곤 했었다. 수년 전에 서울에서 개최된 수산물 전시회의 별도 부스에 울릉도.독도 사진전을 보았고, 청계천에서 개최된 울릉도 홍보활동 사진전, 롯데백화점 야외 사진전, 명동에서의 홍보 사진전 등 늘 울릉도의 행사가 있으면 사진이 곁들여 있었다.

공통적인 특징은 감동을 줄 수 있는 대형 사이즈의 사진이 전무했다는 점이다. 대다수가 동일한 크기(50cm×40cm)에 인쇄된 사진을 정형화된 액자에 넣어둔 것 같았다. 사진 속에 '삼선암' 등 작품명을 별도로 구분 표시하지 않고 작품 속에 프린트함으로써 사진 작품의 이미지가 손상되는 느낌이었다.

언제나 어디에서 늘 보아 매우 익숙한 신문이나 인터넷에서 늘 볼 수 있었던 그저 그렇고 그런 천편일률적인 책 속의 그림 같았다.

● 2008년 3월, 서울수산물전시회에서 전시되고 있는 울릉도·독도 사진 전시회 일부.

　지난해 울릉군에서 큰돈을 들여 개최한 사진 응모전에서 선발된 많은 작품은 감동 그 자체였다. 이런 사진을 대형 화면에 담아 전시한다면 해외로 가는 많은 관광객의 발길이 울릉도로 향하게 될지도 모르는 일이다.

　적어도 일 년에 한 번씩은 새로운 내용으로 만들어진 전시가 되었으면 한다. 관람자들이 갖고 싶은 욕망이 일어날 수 있는 작품성이 강한 작품이었으면 좋겠다는 생각이 든다.

　사진의 바깥 테두리를 굳이 액자로 처리해야 하는지 모르겠다. 그냥 사진만을 나무판에 붙여서 깔끔하게 마무리하는 것도 오히려 더 나을 것 같은데 나만의 생각일까?

　전시장소와 전시장의 분위기도 매우 중요한데 고급스러운 장소를 택하고, 테마가 있는 멜로디를 최고의 사운드트랙으로 깔아주면서 진행을 한다면 한결 품격 있는 전시가 될 것이다. 길거리에서의 사진 전시는 짧은 시일 안에 많은 사람이 볼 수 있도록 하자는 데 그 목직이 있나고 하겠으나 이보다는 전시장을 임차하여 본격적인 사진전을 개최하고 동 작품을 전시가 종료된 후에 판매를 하는 방안도 검토해볼 수 있을 것이다.

전시회 출품작이나 장소선정 등 관련된 모든 사안을 울릉도에서 활동하고 있는 울포트 동호회원들과 같이했으면 어떨까 한다. 그들은 사진을 최상의 가치로 생각하고 오랫동안 사진 활동에 전념해온 프로들이기 때문이다. 관민 합동으로 잦은 회합과 논의를 하면 훨씬 멋진 전시회가 될 수 있을 것이다.

또 하나, 수년 전 한국 화가들이 울릉도·독도를 소재로 한 전시회를 개최한 적이 있었는데 이 그림들을 임차하여 동시에 전시하는 것도 좋을 것이다.

그리고 또 하나, 울릉문학회의 사무국장인 박경필 씨가 매월 수 회에 걸쳐서 울릉도와 독도를 주제로 한 '포토에세이'를 '울사모 홈페이지'나 울릉군 홈페이지에 수시로 발표하고 있는데 이를 모아 '울릉도와 독도를 주제로 한 포토에세이' 책을 만들어 전시장에서 배포한다면 단순한 사진 전시회가 아니라 더욱 알찬 전시회가 될 것이며 울릉도는 또 하나의 품격 있는 홍보전략을 수립하게 되는 행운을 갖게 될 지도 모르겠다.

울릉도 관광 안내서

울릉군은 관광객 유치를 위한 홍보전략을 수립하고 울릉도·독도 홍보를 지속적으로 추진할 계획이다. 한편 군은 ③ 다양한 마케팅 전략으로 울릉도를 홍보해 관광객 유치에 전념을 다하고 있다고 밝혔다.(경도일보, 2010.12.15.)

말이 다양한 마케팅이지 홍보활동은 곧 돈을 의미하며 그에 대한 투자가치를 산출해내는 것 또한 매우 난해한 일이다.

오래전부터 서울 코엑스 몰에서 매년 개최되고 있는 내 나라 여행 박람회에 자주 다녀왔던 터라 대다수의 지자체 홍보 팸플릿을 접할 수 있는 기회가 있었다.

약간씩의 특징이 있기는 하나 대부분 비슷한 형태로 만들어진 고만고만한 홍보물이었다. 한쪽은 해당 지역의 지도에 관광지를 소개하고 다른 면에는 지자체의 특성에 따라 중요 정보를 표시하고 있다.

울릉도에도 거의 매년 개정판 팸플릿이 나오고 있다. "꿈과 낭만이 있는 신비의 섬, 울릉도"라는 카피가 먼저 눈에 띈다. 울릉군 마크와 함께 울릉도 관광 안내도(1/34,000 지형도)라고 크게 쓰여 있다. 가로 60센티미터, 세로 50센티미터의 열두 조각으로 접혀있는 안내도가 온갖 정보를 보여주고 있다. 앞면에는 육각 형태의 울릉도 입체 모형 그림이 싱그러운 바다와 바위섬들로 이루어진 푸른 색깔로 조화를 이루며 울릉도의 역사, 일반 현황, 관광코스 안내, 일정 별 기본 관광코스, 자연과 함께하는 생태체험 여행, 등산, 교통 안내, 관광지 입장 요금, 숙박시설 안내 등이 있고, 뒷면에는 울릉도를 대표할 수 있는 각종 핵심 내용들이 간략하게나마 소개되고 있다. 좀 자세히 들여다보자.

국토의 자존심, '독도'에는 독도 전경 사진 5매, '해변'에는 내수전의 사진 등 3매, '산'에는 성인봉 사진 4매, '문화재'에는 성하신당 등 4매, '천연기념물'에는 향나무 등 5매, '해상배경'에는 삼선암 등 7매, '관광지'에는 도동 케이블카 등 11매, '문화축제'에는 오징어 축제 등 4매, '레포츠'에는 스쿠버다이빙 등 7매, '나리분지'에는 3매, '예림원'에는 4매, '특산물'에는 오징어 등 8매, '울릉도 먹거리]에는 불고기 등 7매 등 총 13개의 소제목으로 된 사진 설명이 뒷면을 꽉 채우고 있다. 비교적 잘 만들어진 안내서로 보인다.

60여 페이지에 달하는 『신비神秘의 섬 울릉도』라는 책자 형태의 안내서도 보인다. 영어와 일본어로도 부기되어 있다. 아마 외국인과 주요 기관 등에 배포하려고 만든 것인 듯한데, 종이의 질이 너무 두꺼워 약간은 촌스럽기도 하고 사진의 질감 또한 떨어져 고급 이미지와는 거리가 먼 것 같다.

관광 홍보에 있어 가장 기본적인 홍보물은 뭐니 뭐니 해도 '관광 안내서'다. 인터넷의 보급화로 인해 관광정보를 쉽게 접할 수 있다고 생각할지 모르겠으나 책자나 팸플릿 형태로 된 정보물은 여전히 중요하게 활용되고 있다.

몇 년 전 조간신문에서 본 기사가 떠올랐다. 중앙일보(2007.08.14.)에 "맞춤 정보가 외국인 관광객 늘린다"는 기사였다. 남상만 서울시 관광협회장이 기고한 글로 외국인을 대상으로 한 서울시 관광의 문제점을 꼭 집어낸 발언이었다.

글을 읽는 순간 머리끝이 쭈뼛 서면서 평소 느끼고 있던 울릉도 관광 안내서가 갑자기 떠올랐다. 우리네 수준에 맞추어 냉정하게 평가를 하자면 울릉도 관광 안내서는 나무랄 데 없는 안내서로서 누군들 큰 불만은 없을 것이다. 그러나 관광객을 강력하게 끌어드릴 수 있는 독창적인 맛이 배어나지 않고, 프로다운 일등 꾼 냄새가 나지 않는 것은 나 혼자만의 공연한 까탈일까? 남 회장이 지적한 것이 바로 맞춤 정보였다. 맞춤 정보 없는 어떠한 정책도 성공할 수 없다는 프로다운 일갈이었다. 남 회장의 직격탄을 들여다보자.

"지금까지 해 온 대부분의 관광객 유치 전략은 좀 심하게 말한다면, 구체적 표적도 없이 산발탄을 쏘는 것 같은 형국이었다. 유치 대상인 외국인보다 국내 관광정책 입안자 입맛에만 맞추거나, 내국인 입장에서의 전략에 치중해 온 것이 사실이었다.

찾아가는 관광의 성패는 한국을 방문할 예비 관광객의 입맛에 맞게 한국 관광정보를 그들의 언어와 정서로 만들어 끊임없이 마음을 두드리는 작업에 달려 있다. (중략) 그 나라 현지에서 관광업에 종사하는 사람들을 에이전트로 삼아 그들이 필요한 곳에 샅샅이 배포하는 시스템을 갖추는 것이 시급하다."

과문한 탓인지는 모르겠으나 울릉도의 관광 안내서가 어디에 배포되고 있는지 잘 알지 못한다. 추측이지만 기껏 도동항 부두의 관광 안내소에 배치하거나 희망자에게 우편으로 발송하는 등 극히 제한적으로 활용되고 있지는 않을까? 이건 홍보물이 아니라 울릉도를 이미 찾아온 관광객들에게 최소한의 안내 역할을 맡긴 그야말로 안내서에 불과한 것은 아닐까? 그나마 이런 안내서라도 여행 결정이 실제로 행해지는 여행사나 그들의 에이전트에 다량 배포하여 관광객 유치에 최선을 다하고 있는지도 모를 일이다. 남 회장의 말대로 관광 안내서라는 산발탄을 마구 쏘고 있는 것은 아닌지 노파심에서 공연히 흥분이 된다.

남 회장의 말을 이렇게 바꿔보면 어떨까? "울릉도의 관광 정보를 여행자들의 정서로 맞춤형 정보지로 만들어 끊임없이 마음을 두드리고 전국의 여행사와 그들이 필요로 하는 곳에 샅샅이 배포하는 시스템을 만들어야 한다"라고.

아주 오래전 경주에서 내가 충격받았던 어느 일본인 여행자들이 생각난다. 해외에서 온 손님과 경주를 관광하고 있었는데 일본인 커플이 손에 두툼한 팸플릿을 들고 뭔가를 찾는 듯 이곳저곳을 기웃거리는 모습이 조금 이상해 보여서 무엇을 찾느냐고 물었더니 내게 책을 펴 보이면서 바로 이곳을 찾는다는 것이었다. 책자로 된 그 안내서에는 식당 이름과 위치, 주인의 사진, 식당 안의 실내장식 설명(특히 나무로 다듬은 큰 동물의 조각상이 있었고 거기엔 조각상에 대한 자세한 설명이 작은 글씨로 적혀있었다)과 음식에 대한 정보가 화질이 빼어난 그림과 함께 잘 만들어져 있었다. 책자는 최근 홈쇼핑 등에서 발행하는 얇고 부드러운 고급 질감의 종이였다. 일본 여행사에서 만든 것인데 경주 관광에 대한 알찬 정보를 담고 있는 그들의 관광 수준이 부럽기도 했었다.

요즈음 각종 신문에는 국내와 해외를 소개하는 여행안내가 매주 금요일이면 크게 소개되고 있다. 그림과 기사를 읽고 있노라면 가방을 꾸려 바로 떠나가고 싶은 유려한 문체로 된 여행기와 함께 멋진 사진을 곁들여 자세한 소개를 하고 있으며 여행 수첩이라고 하여 주변을 소개하는 약도와 먹거리를 사진과 함께 반드시 소개하고 있다.

이쯤에서 구체적인 제안을 하고 싶다. 울릉군이 추천하는 60여 개 관광지와 축제를 단순한 관광지 설명이 아닌 여행자의 정서로 된 글과 사진을 소개하여 이를 얇고 부드러운 고급 종이에 인쇄를 하여 전국 여행사 등에 배포를 하면 엄청난 효과가 있을 것으로 본다. 이 작업을 울릉문학회에 맡긴다면 회원들이 해당 관광지 별로 분담하여 멋진 글과 사진으로 관광지는 물론이고 맛집 소개를 하여 제대로 된 관광 안내서를 만들어 낼 것으로 본다. 비용 또한 일회성에 거치는 여타의 엄청난 홍보비보다 아주 실속 있는 홍보가 될 것이다.

지금이야 개별여행보다는 단체 관광이 주류를 이루고 있어서 이런 홍보물 제작이 이르다고 할지 모르겠으나 불특정 다수를 위한 막연한 이미지 홍보보다는 이와 같은 책자를 만들어 전국의 여행사에 골고루 배포한다면 개별여행에 대한 착실한 준비가 될 것이며 한층 더 업그레이드된 알찬 홍보가 되지 않을까 하고 기대해 본다. 이 작업이 이루어진다면 단언하건대 울릉군이 전국 관광 홍보 대상을 받을 것이 틀림없다.

2011년 2월 6일

저동의 힘 I

● 저동지역발전협의회가 지난 1월 17일 관광 활성화와 지역 경기 활성화를 주제로 한 방향을 모색하고 있다.

저동지역발전협의회는 지난 14일 도동3리 사무소에서 상인 및 주민 70여 명이 참석한 가운데 저동 지역 관광 활성화 및 지역 경기 활성화를 위해 의견을 교환하며 관광 울릉발전을 위한 길을 모색했다.

하경조(53) 이장은 "저동 지역은 지난 수십 년간은 오징어로 파생된 경기로 지역을 이끌었지만 앞으로는 관광과 어업산업이 함께 아울러진 관광지로 거듭나기 위해서는 주민들이 주축이 되어 변화를 해야 한다"며 강조했다.

또 그는 "유람선 저동취항, 숙소 확장 및 개축, 관광 안내소 신설 등 관광 인프라 구축으로 머물고 싶은 지역, 다시 찾고 싶은 지역으로 거듭나기 위해 지역 주민들의 자발적이고 적극적인 참여만이 변화를 줄 수 있다"며 말했다.(경도일보, 2011.01.17.)

저동이 어떤 곳인가? 한때는 동네 개도 5천 원짜리 지폐를 물고 다닌다는 곳이 아니던가? '큰 모시게'에 있던 어느 담배 가게가 전국에서 판매 1위를 했다던 곳도 바로 저동이 아니던가?

저동은 울릉도의 대표적인 어업전진기지에 걸맞게 큰 항구를 보듬어 안고 있으며 얼음공장, 건조장, 경매가 일상적으로 일어나는 수협 공판장이 위치하고 있는 지역경제의 핵심 지역이다.

나는 울릉도 사내

또한 저동은 지금은 비록 육지와 연결되어 방파제의 말뚝 구실이나 하는 초라한 신세로 전락한 바위에 불과하지만 한 때는 저동 앞 푸른 바다 가운데에 우뚝 솟은 큰 바위섬이 있던 곳이다. 그 '촛대바위'가 지금도 위풍당당하게 위용을 과시하고 있는가 하면 해안선을 따라 도동으로 갈 수 있는 또 하나의 해안 산책로, 아무리 가뭄이 심해도 쉼 없이 요란하게 쏟아져 내리는 봉래폭포, 죽도와 관음도, 저동항이 한눈에 내려다보이는 내수전 전망대 및 몽돌 해수욕장 등 많은 절경과 스토리텔링이 가득한 어촌마을이다.

　또한 국가최고회의 의장이었던 박정희 대통령이 어느 날 해군함정으로 울릉도를 방문했던 기념비도 후박나무 그늘에 쉬려고 들어온 주민들과 함께 '관해정'에 자리매김을 하고 있다. 그리고 수협공판장 옆에는 해산물을 팔고 있는 활어센터가 'ㄱ' 자로 나란히 줄지어 있다.

　수년 전 집사람과 함께 고향을 방문했을 때의 일이다. 저동은 언제나 즐겨 찾는 곳이기에 회라도 한 접시 먹을 셈으로 저동 공판장 부근을 어슬렁거리던 중 활어를 팔고 있는 아주머니 한 분이 싱싱한 자연산 전복이라면서 손바닥보다 작은 전복 한 마리를 보여주었다. 수족관의 전복은 달랑 그 한 마리뿐이었는데 내가 얼마냐고 묻자 삼만 오천 원이라고 했다. 서울이었으면 같은 가격에 열 마리는 살 수 있었을 것이다. 너무나 비싼 전복이었다. 내가 꼭 바보가 된 것 같은 기분이 들어 한동안 말없이 전복만 쳐다본 적도 있었다.

　또 한 번은 산 오징어를 팔고 있는 식당 앞에서 있었던 일이다. 표정으로 보아 주인인 듯 육중한 몸매의 아주머니가 앞치마를 두른 채 수족관 앞에 서 있어 내가 얼마냐고 물었더니 한 접시에 2만 원이라고 했다. 한 접시에 몇 마리냐고 묻자 두 마리라고 했다. 집사람하고 둘일뿐더러 내가 많이 먹진 못하기 때문에 한 마리만 안 되겠느냐고 하자, 버럭화를 내면서 "안 팔아요! 육지에 나가 사 잡수소!"라고 퉁명스럽게 말을 내뱉는 것이었다.

순간 화가 치밀었으나 뭐라고 시비를 걸 처지도 못 되어 참고 말았는데, 집으로 돌아오는 길에 정말 그 아주머니 말처럼 육지인 묵호항에서 울릉도의 삼 분의 일도 안 되는 가격으로 쥐치랑 전복을 "사 잡숫고(?)" 돌아온 적이 있었다.

이런 씁쓸한 경험을 가지고 있던 터라 "머물고 싶은 지역, 다시 찾고 싶은 지역"을 만들겠다는 '저동지역발전협의회의'의 이번 모색摸索은 만시지탄晩時之歎이 있긴 하지만 올바른 선택을 한 것 같아서 흐뭇하지 않을 수 없다.

말이 나왔으니 말이지 울릉군 홈페이지의 자유게시판을 들여다보고 있으면 불친절, 바가지로 인한 관광객의 불평불만이 상당 부분 차지하고 있다. 물론 최근에 와서 울릉도에 대한 관광객의 쓴소리가 많이 줄어들긴 했으나, 고향이 울릉도인 나로서는 이런 글을 읽을 때마다 마치 내가 죄인이나 된 것처럼 얼굴이 후끈거리곤 했다. 원래 경상도 말 자체가 투박하고 억세며 직설적인 표현이 많은 데다가 대부분 큰 소리(내 생각엔 울릉도 사람들은 파도 소리의 방해 때문에 작은 소리로는 의사소통이 어려워져서 자연스럽게 목소리가 커진 것 같다)로 대화를 하다 보니 관광객들에게 더욱 불친절하게 보였을지 모를 일이다.

불친절과 바가지는 저동만이 아닌 울릉도 전체의 문제지만 저동 땅에서 이를 과감하게 몰아내지 않고서는 "머물고 싶은 지역, 다시 찾고 싶은 지역"은 공염불에 그칠 공산이 크다. 아무리 관광 인프라를 많이 구축해본들 "친절과 바른 상혼"의 뒷받침되지 않는 "관광과 어업산업이 함께 어우러진 관광지"는 허상虛像에 그치고 말 것이다. 친절해야 한다는 걸 모르는 상인과 주민이 어디에 있으랴마는 문제는 이를 어떻게 체질화

할 것이냐 하는 것은 난제 중의 난제다. 간단한 교육으로 끝날 일이 아니기 때문이다.

지금은 한국에서도 자주 볼 수 있지만 오래전 일본에 자주 출장 갈 때마다 볼 수 있었던 것 중의 하나가 주유소 직원들의 아침 인사였다. 새벽녘에 출근한 직원 네댓 명이 팀장을 마주 보고 45도 큰절을 하면서 "이럇샤이마세(어서 오십시오)"를 큰 소리로 수십 번씩 되풀이하는 것이었다. 동행자의 설명으로는 365일 내내 아침 업무가 시작되기 전에 꼭 이렇게 한다는 것이었다. 그렇게 하지 않으면 일본인들도 친절이 몸에 배지 않는다는 것이었다. 어렸을 적 내 기억으로는 일본인들은 타고난 친절이 몸에 베어 있다고 들었는데 일본인들도 친절을 베푼다는 것이 이만큼 어려운 것이구나 하고 생각한 적이 있었다.

상인들과 주민들은 많은 관광객을 상대하기 때문에 매번 어떻게 관광객들에게 늘 친절할 수가 있겠는가 하고 고충을 늘어놓을지 모르겠으나 관광객 한 사람 한 사람이 느끼는 친절과 불친절의 체감 온도는 엄청나게 다르다는 것을 저동 주민들은 직시해야 한다. 특히 요즘 젊은이들의 사고思考는 우리 세대와 달리 "상인은 친절해야 한다"는 한 가지 답만을 가지고 있다는 사실에 유념할 필요가 있다. 젊은이들은 지역사회에서 일어나는 어떤 문제점들이 그들의 가치관에 어긋날 경우 예외를 인정하지 않고 이를 트위터나 페이스북, 인스타그램 등과 같은 SNS를 통해 집단의 힘으로 이를 이슈화하고 어떤 집단이나 사물을 사정없이 초토화시켜버린다는 것이다. 울릉도의 불친절과 바가지 상혼을 이슈화하여 '가장 가고 싶지 않은 섬'으로 캠페인을 벌이지 않는다고 누가 보장을 하겠는가? 관광객을 두려워할 줄 아는 자세가 이 시점에 정말 필요하지 않을까?

모처럼 상인과 주민이 힘을 모아 더 많은 관광객을 유치시키고자 노력하고 있는 저동지역발전협의회의 모습이 참으로 아름답다. 오랫동안 외부의 큰 도움 없이 자생적으로 살아온 울릉인 이기에 배타성이 강하고 친절이 몸에 배어있지 않을지 모르겠으나 이제부터라도 울릉도의 발전을 위해 "친절과 바른 상혼"을 체질화했으면 하는 바람뿐이다.

저동지역발전협의회의 제1목표는 '불친절과 바가지'를 과감히 몰아내는 것으로 첫 출발점이 되어야 할 것이다.

저동이 어떤 곳이던가? 세계적인 일류기업인 삼성전자의 수장, 윤부근 사장을 배출한 자랑스러운 마을이 아니던가? 저동이 세계적인 일류 관광지로 탄생 되지 말라는 법이 없지 않은가? 저동의 힘을 기대해 본다.

저동의 힘 II

저동지역발전협의회가 주민들과 논의를 거친 끝에 나온 몇 가지 대안들 즉, 유람선의 저동 취항, 숙소의 확장 및 개축 그리고 관광 안내소 신설 등이 관광 활성화를 위해 우선적으로 추진해야 하는 프로젝트로 의견이 모인 듯하다.

● 촛대암 가는 길목에 위치한 연탄공장과 너저분한 각종 철물 및 건축 잔존물들이 관광의 이미지와는 사뭇 다른 모습이다.

현장의 목소리가 가장 현실적인 대안이 될 수 있으나 돈과 시간 때문에 이를 즉각 해결하기가 용이한 일이 아니어서 내 주변에서 쉬운 것부터 추진하는 것이 바람직하다는 생각이다. 주민들 스스로가 공동체 의식을 갖고 자발적으로 손쉬운 것부터 실현한다면 행정당국의 지원도 자연스레 크고 빠르게 따라올 것으로 본다.

진정 저동 상인과 주민들이 저동을 관광과 어업산업이 함께 하는 지역으로 만들어 소득증대를 꾀하고자 한다면 "이대로는 망한다"는 절박한 심정으로 출발하여야 할 것이다.

저동을 방문하면서 평소에 느꼈던 점들을 생각해 본다.

첫째, 저동항 주변 활용방안에 대한 주민 의식의 전환이 필요하다. 저동항 주변은 저동 관광에서 매우 중요한 핵심 요소 중의 하나다. 지금까지는 저동이 면실상부한 어업전진기지의 구심점이어서 이에 초점을 맞추다 보니 항구 주변이 온통 썩은 물이 고이고 질퍽거리고 폐어구들이 여기저기 팽개쳐 나뒹굴어 관광객들에게 불쾌감과 불편을 주어도 당연시될 수밖에 없었을 것이다. 어업활동이 우선시 되어야 하므로 여타 것들은 무시되어도 어쩔 수 없는 실정이었다고 본다.

이제 항구 주변은 어업활동뿐만 아니라 관광에도 꼭 필요한 장소임을 인식하고 어민들의 의식과 활용방안 또한 바뀌어야만 할 것이다. 물론 이로 인해 어민들의 불편이 다소 예상되나 어업과 관광의 상생이라는 의식의 변화를 공유한다면 능히 이를 극복할 수 있을 것이다.

예를 들어 행남대로 가는 해안 산책로만 하더라도 꽤 지저분하다. 연탄공장을 재정비하여 깔끔한 공장으로 변신을 시도한다거나 아니면 이전도 검토해보고 칼라 보도블록도 깔고 여기저기 무질서하게 흩어져 있는 각종 폐기물이나 생활비품들을 정리정돈 하여 이곳을 방문하는 관광객들에게 불쾌감과 불편을 주지 않았으면 한다.

둘째, 공공시설의 개보수를 통한 관광 인프라 구축이 필요하다. 새로 시설을 만드는 것도 중요하지만 기존 시설을 개보수하여 관광객에게 기쁨과 즐거움을 줄 수 있는 작업이 먼저 시도되었으면 한다. 즉, 관광객들이 안전하고 쉽게 공판장에 접근할 수 있도록 말이다. 경매 과정과 아주머니들의 오징어 할복작업은 훌륭한 볼거리임으로 관광객들이 오징어 내장물에 신발을 적시지 않고 옷에 튀지 않고 볼 수 있도록 전망대(약간 높게 발판을 만든다던가)를 만드는 것도 하나의 대안이 될 수 있을 것이다.

공판장 2층에 있는 화장실은 국제적인 관광지를 지향하는 울릉도와는 너무나 거리가 멀다. 자칫 관광객들이 나쁜 이미지만 갖고 돌아가지 않을지 걱정이 앞선다.

셋째, 저동을 하나의 큰 공원으로 만드는 프로젝트를 구상하는 것이다. 오징어와 꽃이 공존하는 '저동공원' 프로젝트팀을 구성하여 저동을 하나의 큰 공원화하는 작업을 권하고 싶다. 즉, 아름답고 깨끗한 마을에 경제가 살아 숨 쉬는 이상향의 마을 말이다.

큰모시개, 중간모시개, 작은모시개 그리고 내수전의 마을 대표들이 '저동공원화 팀'을 구성하여 기간별 세부 목표를 수립하고 소요 비용 및 충당계획을 산출하여 실현 가능한 것부터 착수할 수 있도록 하며 동시에 군郡 당국의 협조 요청도 병행하고 여기에서 저동을 최고의 관광지로 만들 수 있는 여러 사안을 검토할 수 있을 것이다.

예를 들어 마당이나 도로변, 활용도가 거의 없는 야산 등 빈터에는 어김없이 울릉도의 자생 꽃을 심어 꽃향기가 온 저동을 진동케 하여 관광객들에게 진한 감동을 줄 수 있을 것이며, 집 주변의 폐가구나 어구, 구석에 처박아 둔 각종 철물이나 플라스틱 물건들을 모두 수거하여 집 주변을 깔끔하게 정리 정돈을 하는 등 큰돈을 들이지 않고서도 마을 주민 스스로가 초일류 마을을 만드는 모습을 보일 때 행정당국의 협조도 받을 수 있을 것으로 본다.

넷째, 식사를 하면서 울릉도 최대 비경을 구경할 수 있는 유람선 비즈니스를 제안하고 싶다. 섬 일주 유람선이 아니라, 식사를 곁들인 유람선을 띄우자는 것이다.

내수전 해수욕장에서 섬목을 돌아 관음도와 삼선암까지 다녀오는 코스로서 기존의 어선을 활용하여 관광객을 위해 안락한 좌석과 차양을 설치하고 선상도 깨끗이 청소하여 맛깔스러운 식사를 제공하며 울릉도 최고의 비경을 구경할 수 있게끔 새로운 관광코스를 개발하라고 감히 권하고 싶다. 시간은 왕복 3시간 전후가 이상적이며 기존의 어선을 활용하는 것인 만큼 투자금액은 그리 크지 않아도 될 것이다.

다섯째, 활어를 싼 가격에 공급할 수 있는 공동 양축장(수족관)이 시급하디.

관광객 대부분은 당연히 자연산을 선호할 것이나 고가이며 쉬 구입할 수 없음으로 양식 활어라도 저렴한 가격으로 충분히 공급할 수 있어야 한다. 파도가 높아서 고기잡이를 못하거나 여객선이 결항이라도 되면 대부분의 식당 수족관은 텅 비어있다. 울릉도 하면 오징어를 연상함으로 모두 울릉도에 올 때는 오징어뿐만 아니라 생선회만큼은 싼 가격에 실컷 먹을 수 있을 것이라는 희망을 가지고 온다. 그러나 현실은 어떤가? 비쌀 뿐만 아니라 그마저 마음 놓고 먹지 못하는 현실은 그저 답답할 뿐이다. 관광지에 먹거리가 부족하다는 것은 오늘의 기준으로 볼 때 상상조차 할 수 없는 최악의 조건이 아닐 수 없다.

저동 어민들이 수확해 온 해산물을 먼저 팔아야 하는 당위성은 십분 인정하더라도 관광객들의 입장에서 싱싱한 해산물을 싸게 먹을 수 있도록 상인들이 의식을 전환해야만 진정한 관광의 활성화가 될 것이다. 저동 어딘가에 양축장을 만들어서 싱싱한 양식 활어를 싼 가격에 무제한 공급할 수 있도록 해야 하고 '양심 식당'을 선정하여 양식과 자연산을 엄격하게 구분 판매를 할 수 있도록 타 식당과 경쟁을 유도시켜야 한다. 물론 이 양심식당에는 각종 인센티브를 주어야 할 것이다.

저동의 관광뿐 아니라 경기 활성화는 돈 많이 들인 관광 인프라를 구축해야만 되는 것이 아니라 결국 상인들과 주민들의 의식의 대 전환만이 가능하다는 것이다.

저동 주민들이 이를 절실히 실감하고 패배 의식에서 벗어나는 강력한 저동의 힘을 기대해 본다.

고향故鄉

대한민국에서 눈이 가장 많이 내리는 설국雪國 울릉도에 올겨울 들어 처음으로 1일 20㎝가량의 눈이 쌓여 성인봉(해발 987m) 등 높은 산들이 새하얀 옷으로 갈아입었다. 울릉도는 이날 성인봉, 말잔 등(해발 968m), 미륵산(해발 901m) 등 해발 900m가 넘는 높은 산에는 20~30㎝의 눈이 쌓였으며 나리분지 등 산간마을에도 5~10㎝의 눈이 가득 쌓여 겨울을 실감 나게 했다.(경북매일, 2011.12.02.)

성인봉 먼 자락에 초설初雪이 내렸다는 소식에 공연히 마음이 짠해진다. 텔레비전에서 슬쩍 흘러나오는 CF의 배경 노래에도 간혹 전율을 느끼며 소스라쳐 놀라곤 하는 처지이고 보니 태생이 외로운 섬 출신인지라 남들보다 감수성이 민감한 것 같기도 하고 젊었을 적의 감동이 내게 아직도 남아있는 것 같기도 하여 때로는 나이에 걸맞지 않은 것 같아 스스로 민망스러울 때도 있다.

낙엽 한 잎과 감미로운 멜로디 한 소절 그리고 하얀 눈에 이리도 민감해 있는 내가 때론 의아스러울 때가 있다. 내 아내는 이런 나를 보고 신기해한다. 아직도 당신은 이십 대의 감수성 많은 청년이라고 빌나. 사

수 이문세가 어느 광고에서 들릴 듯 말 듯 애잔하게 잔잔히 깔아주는 멜로디, 신민아와 원빈의 맥심커피 T·O·P 광고에서 깊은 내 심장 속에서 무언가 짠한 연민의 정이 솟아남을 보고 난 소스라쳐 놀라고 있는 것이다. 칠십 나이를 목전에 둔 처지임에도 난 여전히 문학청년 같은 애틋한 감성이 살아있는 것이다.

지나쳐 가는 일상의 조그만 것들로 인해 이렇게 마음의 파장이 일어나고 계절의 변화에 민감하게 대응하는 것은 초등학교를 끝으로 일찍 고향을 떠나 육지로 나온 탓일지 모르겠다. 더욱이 사방이 바다로 둘러싸인 동해의 외로운 섬이 그 근원이 되지 않았을까 하는 생각도 해본다.

아침저녁 약간 쌀쌀하긴 해도 아직 겨울의 내음을 미처 느끼지 못했는데 올해 들어 울릉도에 첫눈이 내렸다는 소식이 텔레비전에서 나온다. 방송이나 신문에 '울' 자만 보여도 혹여 '울릉도' 소식이 아닌지, 좋은 소식인지 나쁜 소식인지 가슴이 벌렁대는 걸 보면 고향에 대한 연민이 꽤 깊었었는지도 모르겠다.

그토록 그리운 고향임에도 자주 찾아보지 못하는 것은 늘 '고향 섬'이 안개 자욱한 '환상의 섬'으로 저만치 멀리 떨어져 있기 때문은 아니었을까? 환갑이 지나고 나서야 한두 번 정도 찾게 되었지만 내 고향은 아직도 가까이 있는 듯 그러나 먼, 어딘가 어색한 이국의 외딴섬 같은 느낌은 나만의 공연한 상념인지도 모르겠다. 그러나 고향이 고향답게 거기에 존재해야 하고 찾아가고 싶은 나만의 이유는 무엇일까?

산천과 풍물의 정겨움이 옛 추억 그대로 남아있기 때문이 아닐까? 그 옛날 도동항 가운데에 정박해 있던 '금파호'와 '청룡호'는 없지만 지금은 '한겨레호'가 터미널에 바로 정박해 있어 육지로 떠나가는 뱃고동 소리의 그 정겨움은 사뭇 달라졌지만 그래도 그 정취는 아직도 남아있는 듯하다.

'하시게'에 몸을 싣고 본선에 가까워지면 스피커에 흘러나오는 '울릉도 트위스트'와 '동백아가씨'의 노랫가락에 가슴 뭉클한 묘한 흥분이 일고 남아있는 사람과 떠나는 사람의 '회자정리會者定離'를 실감케 하는 모습은 분명 옛것의 정취일 터이다.

도동항의 오른쪽 끝 갯바위에서 "연락선 온다"고 고함을 치면서 손을 흔들어 신호를 보내곤 했던 그곳도 아직은 그 흔적이 남아있어 좋다. 바위에 올라가 두 손으로 코를 잡고 다이빙하던 그때의 그 바위도 세월의 무상함을 애써 외면하면서 그대로 자리매김하고 있어서 반갑고 오랜만에 찾은 나를 반기는 듯해 더욱 반갑다.

군수관사와 이영관 어르신의 옛집, 그리고 읍사무소 뒤에 남아있는 빨간 양철지붕에 나의 동공이 커짐은 내가 이곳 섬에서 태어났고 유년 시절을 보냈음을 확인시켜주는 증거품은 아닌지? 친구들과 친척 어르신들이 현존하기 때문은 아닐까?

청·장년기에는 도회에서 직장생활과 결혼으로 고향 친구들과도 자주 접촉을 못하였던 우리 세대다. 어느 정도 나이가 들어 철들 무렵이 되어서야 고향 친구들도 보고 싶고 그들이 어떤 삶을 살아왔는지 궁금하기도 하여 어렸을 적보다 오히려 더 자주 안부를 묻곤 했다.

우리 친구들만 해도 그렇다. 이름만 겨우 알 뿐 학교생활 내내 말 한마디도 건넨 적이 없었던 여자 친구들이 어느새 성인이 되어 짝을 찾고 아이를 가진 이후에야 스스럼없이 모여서 밤새워 술도 마시고 노래 부르는 뻔순이 뻔돌이가 되었으니 말이다.

대부분 육지로 떠났지만 그래도 몇몇은 우리가 태어나고 유년 시절을 보냈던 그곳에 남아있어 좋지 않은가. 술잔을 기울며 옛이야기를 몇 시간이고 떠들 수 있는 친구가 있어서 더욱 정겨운 고향이 아니겠는가.

도동 기리를 스쳐 가는 대부분 사람은 누구이며 어디에서 있는지 몰라도 그래도 이름까지 기억해 낼 수 있는 어르신들과 나를 알아보는 선후배가 있어서 고향에 온 느낌을 실감할 수 있다.

　몇 년 전에는 저동리의 박정희 장군 기념비 앞쪽으로 가는데 웬 할머니가 주뼛주뼛하면서 나를 확인하려 했고 우린 옛날의 기억만으로 서로를 정확하게 확인하였다. 그곳에 그리운 옛사람이 있었기 때문은 아닐까?

　청·장년 시절을 거치며 서로 사랑했던 연인과 산과 들로 다니면서 데이트라도 한 경험이 있다면 더욱 금상첨화錦上添花일 것이다. 이미 이만큼 와 버린 세월 속에서 옛 연인들과의 아련한 추억이 마음 한구석에 남아 있어 이를 확인하고 싶은 것도 하나의 이유일지도 모르겠다.

　앞이 캄캄한 미래에 서로를 정 하나만으로 의지하고 미래를 꿈꾸다 어느 날 갑자기 연락선으로 떠나버린 수많은 연인의 잔영이 부두와 마을 구석구석에 깔려있어 이의 체취를 맡는 것도 하나의 이유일지도 모른다.

　한쪽은 육지에서 한쪽은 고향에서 각자 다른 삶을 살고 있어도 혹시나 우연히 고향에서 만나게 되지 않을까 하는 기대감은 또 어떨까?

　내게 아직 그리움이 남아있어 이 골목 저 골목을 거닐면서 '내 젊은 날의 초상'을 확인이라도 하듯 그려보는 것이 진정 고향이 아닐는지….

김두한 기자

그를 알게 된 것은 2009년 가을 고향방문 단의 일원으로 입도하였다가 도동항 터미널에서 울릉군수와 함께 환송 그룹에 그가 서 있었기 때문이었다. 지면으로 자주 본 얼굴이어서 그가 김두한 기자라는 것은 쉬 알 수 있었다. 서로 잘 알 것 같아 수인사를 나눈 적이 있는데 내가 김두한 기자를 아는 것이라곤  이것이 전부여서 김두한을 칼럼의 제목으로 뽑는 것이 어쩜 건방질 수도 있거니와 결례를 범할 수 있다는 생각에 몇 번이고 주저하였으나 그의 애정 깃든 고향 사랑과 왕성한 필력과 "오늘과 내일의 울릉도"를 내다보는 예리한 감각에 감탄한 바 있어 제목으로 뽑기로 했다.

내겐 '××신문사 울릉지국' 하면 언뜻 떠오르는 것이 1960년대의 울릉 주재기자 들의 기억뿐이었다. 즉, 한 주일이 다 지난 신문을 배달해주거나 간혹 지방지 구석에 울릉도 소식이라고 하여 몇 자 소개된 것이 전부였고, 오히려 기자증을 갖고 여기저기 다니면서 행세만 하려 든 것이 아니었던가 하고 생각해본다. 감히 이런 이야기를 할 수 있는 것은 바로 위인 셋째 형님도 '××신문사 지국'의 기자증을 갖고 행세를 하려고 했으니 말이다.

물론 1960년대 중반의 당시는 내가 학생 신분이다 보니 당시의 사정은 잘 모르겠으나 지금만큼 큰 영향력은 없었던 것이 아니었나 하고 생각해본다.

당시에는 오늘날의 인터넷과 같이 여론을 조성할만한 매체도 없거니와 설령 큰 이슈가 있다고 하더라도 그냥 조용히 덮어버리고 가는 것이 관례가 아니었을지. 사실 난 불과 얼마 전까지만 해도 내심 지방 주재 기자를 다소 낮춰 보아왔던 것 같다. 일종의 평가절하를 한 셈이다.

그럼에도 경북매일, 도민일보, 매일신문, 대구연합일보에 게재된 각종 기사를 출향인들이 관심을 가질만하다고 판단이 되면 이를 '울사모' 홈페이지에 게재해오던 터라 자주 접하게 되었고 점차 이들의 활동에 주목을 하게 되었다.

그중 가장 눈에 띄는 기자가 바로 경북 매일의 '김두한 기자'였다. 최근에 작성된 김 기자의 기사 면면을 보더라도 그는 육지로부터의 울릉도 소식이나 아니면 울릉도에서 일어난 사건·사고를 단순히 보도하는 것만으로 끝나지 않았다. 그가 보유하고 있을 각종 데이터를 최대한 활용하고 적절한 통계 수치를 인용할 뿐만 아니라 울릉도의 현황을 분석하고 설득력 있게 그 대안을 모색하려 했다.

6월 22일자의 "차량 건설장비 무단 방치, 흉물"이란 기사에는 공사용 장비들을 도로에 방치함으로 인해 청정 섬인 울릉도의 이미지 훼손과 사고의 위험을 지적함으로써 관광섬 이미지 제고에 가 일층 분발해주길 군 당국에 바랐다.

6월 29일자의 "우산국 유물, 몇 년째 창고 신세"에는 일반인들의 관심이 덜할지 모르는 향토 사료관에 보관 되어 있는 유물이 먼지가 쌓이고 누수로 인해 폐해가 우려되고 있음도 애정을 갖고 호소하고 있다.

7월 3일에는 "도동항 터미널 무질서… 무질서…"기사에는 입도 승객이 상하선 시에 좁은 터미널 안으로 차량이 밀려 들어와 관광섬의 이미지를 훼손시키는 이런 현상을 개선해야 한다는 지적 또한 조그만 일이라고 치부할지 모르지만 예리한 지적이 아닐 수 없다.

이외에도 "울릉도 가긴 가는데 잠은 어디서 자나?" "읍 한복판 울릉중 교육여건 '깜깜'" 등등… 울릉도의 발전과 미래의 가치를 높이려는 그의 노력은 높이 평가할만하다. 아무리 날카로운 안목을 가지고 있는 기자라고 해도 좁은 지역에 오랫동안 살다 보면 매너리즘에 빠져 문제점들이 눈에 잘 들어오지 않는 것이 정상일 것이다. 그럼에도 그는 현재 울릉도가 안고 있는 문제점이 무엇인지 예리하게 관찰하여 이를 시의적절하게 끄집어내어 격조 높은 울릉도 만들기에 앞장서고 있는 것이다.

이뿐만 아니다. 육지로부터 작은 소식이라도 전해지면 그는 귀를 쫑긋 세워 이를 바로 울릉도에 접목시켜 무언가를 토해내려고 한다. 많은 지식과 엄청난 애정이 없으면, 또한 사명감이 없으면 이런 발상 자체가 어려운 것이다.

수년 전부터 김 기자는 칼럼을 통해서도 그때마다 제기되는 각종 이슈들을 차분하고 논리 정연하게 의견을 개진한 바 있어 관심을 갖고 본 바 있으나 6월 22일자의 "2024년 대한민국에 낙원 같은 '그린 섬' 탄생하나"와 같은 기사는 2024년 울릉도가 어떤 모습이 되어 있을지 이의 청사진을 일목요연하게 기술하고 있다. 해박한 지식과 울릉도에 대한 끊임없는 관심, 그리고 애정이 없었다면 과연 이런 글이 나올 수 있을까 하고 자문해 본다.

A4용지 4매로 쓴 그의 글을 통해 2024년에 변하게 될 울릉도의 청사진을 자세히 들여다보면 '어떻게 변할까', '어떻게 추진되나', '누가 추진하나', '울릉도의 자체 노력', '13년 후의 울릉도' 등으로 세분화하여 알기 쉽게 정리를 해놓았다.

이 기사 속에 울릉도의 미래가 전부 함축되어있다. 군 행정당국은 이 칼럼을 신줏단지 모시듯이 하여 그 뒤에 숨은 각론을 하나씩 꺼내어 계획을 세워도 훌륭한 정책안이 나올법하다.

참으로 놀라운 발상이 아닐 수 없다. 단지 기자의 직분만으로 이를 기술할 수 있을까? 김두한 기자는 분명 가슴 떨리고 흥분되는 심정으로 '그린 섬' 탄생을 꿈꾸고 있을지 모르겠다. 그의 건투를 빈다.

울릉도에 서점을

도서낙도 울릉도에 미래 꿈과 희망을 심어줄 '내 인생의 멘토' 섬 초롱도서관이 개관식을 하고 본격적인 운영에 들어가 울릉도 문화의 장으로 자리 잡게 됐다.

섬 초롱도서관은 약 50평 규모로 조성됐으며 1만 2천여 권의 일반도서와 어린이도서 및 30석의 열람실을 갖춘 자료실 및 주민들이 언제든지 이용가능한 편의시설 등을 갖춰 울릉읍 지역 문화의 장으로 자리 잡고 있다.(경북매일, 2011.12.26.)

도동에 '섬초롱 도서관'이 개관되었다는 기사가 와락 눈에 다가온다. 저동에 있는 공공도서관 하나만이라도 제 역할을 다 했으면 하고 걱정하던 차였는데 울릉도의 관문인 도동에 새로운 도서관이 생겼다고 하니 우선 반가웠다. 모두 관광이다, 오징어다 등등 먹고살기가 바빠 눈코 뜰 새 없이 돌아가는 작금의 울릉도에 도서관이 또 하나 생겼다는 소식은 어쩌면 생뚱맞은 소식일지 모르겠다.

개관과 동시에 만 이천 여권의 도서가 소장되어있고 벌써 이용객들이 꽤 많은 듯하다.

수년 전 찾아간 울릉도에서 짬이 난 터라 서점에라도 가봐야겠다고 수소문했으나 울릉도에는 서점이 아예 없다고 했다. 몇 사람에게 문어 보아도 답은 마찬가지였다. 과문한 탓인지 몰라도 대한민국 군소재지에 서점이 한 곳도 없는 곳이 과연 있을까 하는 생각에 한동안 멍하니 한 대 맞은 느낌이었다. 더욱이나 문화적 욕구가 그 어느 지방보다도 간절할 외딴섬, 울릉도에 서점이 없다는 것에 정말 놀라지 않을 수가 없었다. 더욱이 긴 겨울밤의 섬 생활에 가장 어울리는 것이 책이 아닌가 말이다.

최근에 와서 독서 인구가 많이 줄어들고 인터넷 주문으로 책을 구입하는가 하면 갤럭시탭이나 아이패드 등과 같은 도구로 전자책을 구입해 보는 실정이고 보니 굳이 서점까지 가서 책을 살 이유가 없어지기도 하겠지만 그래도 서점이 무엇인가? 자라나는 청소년들에게 꿈과 희망을, 어른들에게는 삶의 여유를 가져다주는 어쩌면 하나의 문화공간이 아니던가?

전국에 매년 1,000여 개의 서점이 사라지고 있다고 한다. 작년까지 전국의 서점 수가 2,600개로 5년 전의 5천여 곳에 비하면 반이 사라진 셈이다.

영국의 라이프스타일 잡지《모노클Monocle》의 발행인 겸 편집장 타일러 브륄레(43)가 쓴 칼럼 하나가 지난 1월 영국의 파이낸셜 타임스FT에 '나의 멋진 한국의 비밀The secrets of my brilliant Korea'이라는 제목으로 실렸는데 그가 꼽은 한국의 첫 번째 개선 사항은 '서점'이라고 했다.

"김포공항의 세븐일레븐에서 잡지를 사곤 했는데 그마저도 다 치웠더라. 인천공항 GS25에선 조그만 진열대에 한국신문 5개와 영자지 2개만 있었다. 홍콩이나 싱가포르·일본 공항에 가면 스무 걸음마다 서점이나 커다란 가판대가 나온다. 공항뿐만 아니라 도심도 마찬가지다. 서점은 그 나라 문화를 보여주는 척도다."

또한 그는 "대만에선 24시간 문을 여는 예쁜 디자인의 서점도 있다. 서점을 보기 위해 일부러 대만을 찾는 이도 있다"며 소소하지만 그게 문화라고 했다. 조선일보 4월 20일자에 소개된 기사다.

그뿐만 아니다. 지난 7월에는 오바마 대통령이 두 딸을 데리고 서점을 나오고 있는 모습이 기사화된 적이 있었다. 아이들에게 『앵무새 죽이기』와 『붉은 망아지』라는 책을 사주었다는 내용과 함께 말이다. 그 바쁜 일정 속에 책을 들고 서점을 나오는 미국 대통령의 모습이 어쩐지 여유롭고 멋있어 보였다.

울릉군을 설계하고 있는 군수가 바쁜 가운데에서도 여유롭게 시간을 갖고 서점을 방문하여 책 한 권을 손에 들고 나오는 모습을 상상해 보면 어쩐지 울릉도가 한층 성숙된 삶이 공존하는 섬일 것만 같은 생각도 든다.

아주 오래전 내가 대학교 2학년 때였으니까 1965년의 여름이었다. 한창 젊었던 시절, 여름방학을 이용하여 울릉도 출신의 학우學友들과 함께 책을 모아서 고향에 가져가기로 했다. 몇몇 학우들과 함께 출판사나 향우들의 직장을 방문하여 소장하고 있는 책 약 천여 권을 기부를 받아 가져간 적이 있었다.

그중 지금도 생각나는 것은 서대문에 있던 대한적십자 병원을 방문했던 일이다. 그곳에는 김화순이라는 남양 출신의 간호사가 근무하고 있었다. 얼굴도 어찌 그리 예뻤던지 지금도 따스하게 웃던 누님의 모습이 그려지는데 여러 책을 한 박스 내놓아 가져온 적이 있었다.

수십 박스의 책이 하시게(전마선)에 실려 하역 작업하던 그때가 또렷하다. 울릉문화원과 울릉교육청에서 서로 갖겠다고 하여 좀 난처하긴 했으나 난 교육청에 기부하기로 하여 전량을 가져다주었다. 물론 당시에는 도서관이 없었고 문화원 서고에 책 몇 권 꽂혀있는 것이 전부었다.

이제 울릉도에도 제대로 된 도서관이 생겼으니 모두 기대하는 바가 클 것이다. 도서관 자체 관리는 물론이거니와 학생들과 일반인들이 원하는 책을 지속적으로 비치할 수 있도록 노력을 게을리하지 않아야 할 것이다.

그러나 울릉도 도서관의 한계는 독자들이 필요할 때 즉시 볼 수 없는 것이고 보니 서점이 제 기능을 다하여 울릉도 도서관의 한계를 보완할 수 있을 때만이 그 역할이 더 크리라 본다.

울릉도에 반드시 서점이 있어야 한다는 것은 국제관광섬을 지향하는 울릉도의 자존심일지도 모르겠다. 올해는 울릉도 출신 학생들이 서울대학교에 두 명이나 입학을 하게 되어 섬이 온통 떠들썩했다는 소문을 듣고 보니 더욱이나 그저 쓸쓸하기만 하다.

울릉도 도서관의 향후 도서 구매 계획이 어떤지는 잘 모르겠으나 기부에 의해 대부분 책을 보강한다면 시사성이 떨어지고 내용면에서 부실할 수밖에 없음으로 수시로 서점을 통해 책을 구입하여 비치하는 것이 좋을 듯하다.

울릉도에 설령 서점을 누군가 낸다 하더라도 독서 인구가 적어 현실적으로 서점 자체로는 점포 운영이 어려울 것이다. 따라서 편의점이나 약국 같은 곳에서 숍인숍 형태로 서점을 같이 운영하고 울릉군에서 점포 임대료나 관리비 등을 보조하여 서점을 운영하게 하고 저동의 울릉공공도서관이나 초롱도서관은 이 서점에서 책을 구입해준다면 서점도 살아나고 도서관의 이용객들도 늘어나는 일거양득이 될 수 있을지 않을까 하고 기대를 해본다.

어느 날 책 한 권을 든 채 미소를 띠며 서점을 나서는 울릉군수의 모습을 가까운 시일 안에 그려볼 수 있을지도 모르겠다. 바로 그의 손에는 『목민심서牧民心書』가 들려 있고 말이다.

덕평휴게소와 내 고향

설 연휴 마지막 날인 11일 오후. 경기도 이천시 마장면에 있는 영동고속도로 덕평휴게소는 수천 대의 차량으로 붐볐다. 화장실에 들르거나 자동차에 기름을 넣는 것은 기본. 그런데 덕평휴게소엔 이런 차원을 뛰어넘는 '뭔가 다른 것'이 있다. 원목과 유리로 된 건물, 소나무와 멋스러운 벤치가 있는 공원 등 첫인상부터 휴게소라기보다 고급스러운 노천카페 같은 분위기다. (중앙일보, 2013.02.15.)

내 이럴 줄 알았다. '덕평휴게소'가 이렇게 큰일을 해낼 줄 알았다. 매출이 해마다 100억 원씩 늘어나고 잠시 쉬어가는 곳이 아닌 목적지가 되어버린, 대한민국 제일의 멋진 휴게소가 될 것임을 내 진작 알았었다. 지난해만 해도 1,200여만 명이 이용했다고 한다.

2008년 4월 20일에 우연히 들른 덕평휴게소는 한마디로 경악 그 자체였다. 본관 옆의 화장실에 들어서는 순간, "어, 이런 곳도 있었나?" 하고 깜짝 놀랐다. 정면의 그림 액자가 고속도로 화장실에서 자주 접하는 가로세로 20*cm*×15*cm*의 때에 찌든 판박이 소형 그림이 아니었다. 마치 한 폭의 예술품을 보는 듯했다.

화장실이 이렇게 쾌적하게 만들어졌다는 것이 참으로 놀랍다. 세면기도 깔끔하고, 타인에게 불편을 주지 않으려는 듯 다닥다닥 붙어있지 않고 여유가 있는 넓은 공간이 정말 좋다. 핸드 드라이기도 그냥 양손을 쑥 집어넣는 최신형이다. 공연히 손은 넣고 싶어진다.

큰 볼일 보는 방이 저만치 안쪽에 있어 구중궁궐의 안방마님이 기다리고 있는 듯하다. '화장실' '노크를 해주세요' '조용히' 등 아무런 안내 표시도 없다. 그냥 고요하기만 한데 양변기 그림만 빙긋이 웃고 있다. 안쪽은 비데 달린 안방의 은밀한 공간 같다.

소변 방이 세 개나 있는 것 같다. 한 칸에 여섯 개씩, 세 개씩 서로 마주하고 있는 셈이다. 냄새도 없거니와 옆 사람과 스치기라도 하면 "실례했습니다"라고 부드러운 목소리로 예의를 표할 것 같은 멋진 매너의 문화인이 된 느낌이다.

자율식당은 어느 호텔의 레스토랑에 온 듯 착각을 일으키게 한다. 회색 대리석 바닥이 마치 한 장의 대형 거울 같다. 먼지가 한 톨도 없는 듯 천장 쪽에 붙어있는 안내판이 바닥으로 투영되어 묘한 느낌을 준다. 그리고 대식당 반을 갈라서 테이블과 의자를 검정과 흰색으로 배치하여 대칭의 미도 보여주었다.

● 덕평휴게소.

바로 옆의 정원을 볼 수 있도록 통유리로 된 칸막이 접이문도 신선해 보였다. 그리고 건물과 어울리는 파라솔과 철제의자가 묘한 앙상블을 이룬다.

본관에서 오른쪽 소정원 옆의 매장과 식당, 바닥과 건물의 색이 또한 조화를 이룬다.

뒤쪽의 정원도 꽤 넓다. '자엽자목'이라는 꽃이 이렇게 아름다울 수가 없다. 여느 자목련과 달리 작은 진홍색 잎의 목련이 화사하다. 처음으로 보는 아름다운 꽃이다.

전혀 새로운 형태의 어린이 놀이터도 이채롭다. 그 옆이 또 하나의 식

나는 울릉도 사내

당이다. 피자를 파는 식당도 있고, '풍경마루'라는 식당도 보인다. 어쩐지 들어가고 싶어진다. 음식 맛이 끝내 줄 것만 같다.

또 한 번의 쇼크다. 오래전 일본 고베의 로꼬산 언덕에 있는 어느 고급식당에 초대받아 갔던 그런 느낌이 든다. 종업원의 반기는 인사가 또한 예사롭지 않다. 식탁과 의자, 조명등, 안내 카운터, 잔잔한 멜로디, 이럴 수는 없다. 이것은 원래 우리의 모습은 아니지 않느냐 말이다. 우리를 착각의 늪으로 빠지게 한 것은 아닌지 정말 해외의 어느 고급식당에 들른 느낌이다.

기사를 보면 '덕평휴게소'가 경유지가 아닌 목적지로 찾는 이용객이 1,200만 명으로 8%에 이른다고 한다. 매출이 570억 원으로 전국 고속도로 휴게소 172곳의 평균 매출 61억 원에 비하면 엄청난 실적이라고 한다.

단지 먹고 마시는 휴게소가 아닌 쇼핑몰을 만든 게 매출 1위의 공신이라고 한다. 물론 갤러리 같은 멋진 건물에 시설물 하나하나가 상상을 초월한 깔끔함과 최고급의 시설, 운영의 묘 등 복합적인 요인이 상승효과를 내었다고 보여진다.

이런 기사를 볼 때마다 난 짜증이 난다. 내 고향에는 왜 이런 곳이 없느냐고 말이다.

내가 고향에 갈 때면 언제나 학포鶴浦 가 내려다보이는 태하동台河洞 언덕의 '만물상 전망대'에 들러 사진도 찍고 더덕 주스도 마시면서 쉬어가곤 했다. 넓은 바다를 바라보며 심호흡과 함께 나의 지나온 여러 일들을 생각하면서 말이다.

이곳은 정말 풍광이 뛰어난 곳이다. 넓은 바다가 보이는, 마음이 뻥 뚫리는 천혜의 경관을 가진 곳이다. 서쪽으로 해 넘어가는 모습은 더욱 장관이다.

● 탁 트인 바다를 보며 즐길 수 있는 최상의 멋진 곳, 학포가 내려다보이는 만물상 전망대에서.

연간 3십만 명을 넘어 5십만 명을 바라보는 관광객이 울릉도로 물밀듯이 밀어닥친다는데 섬 일주를 하면서 쉬어가는 명품 휴게소 하나쯤은 꼭 있어야 한다는 생각이 오래전부터 있어 왔는데 이 기사를 접하니 더욱 간절해진다.

이곳은 경유하는 관광객의 섬 터일 뿐만 아니라 목적지가 될 수 있는 곳이다. 울릉도 특산물만으로도 쇼핑몰을 만들 수 있는 최적의 공간이 될 수 있는 곳이다. 넓은 바다를 바라보면서 멋진 추억을 만들고 미래를 꿈꾸는 최고의 명소가 될 것이다. 나의 아내와 딸과 아들이 한 번 더 올 수 있는 공간이 되었으면 좋겠다. 그래서 삶의 활력소를 찾았으면 좋겠다.

제대로 된 식당 찾아보기 힘든 울릉도에 고향 후배들이 고급식당과 쇼핑몰이 가능한 멋진 휴게소 하나쯤 만들어 주었으면 하고 바라본다.

독도의 암각 글자 '韓國領'

문화부는 우선 암각 글자 형태로 독도 바위에 '한국땅'이라고 새겨 넣을 계획이다. 문화부는 암각 글자가 없는 새 바위에 '한국땅'이란 한글을 새겨 넣는 방안과 함께 기존 암각 글자 중 일부를 깎아 낸 뒤 그 위에 한글로 '한국땅'을 조각하는 방안을 검토하고 있다.

문화부 관계자는 "새 장소에 암각 글자를 새길지, 기존 암각 위에 새길지 조만간 구체안을 만들 계획"이라며…

이 중 독도의용수비대가 새긴 '韓國領'을 제외한 나머지 암각 글자는 누가 언제 새겼는지 알 수 없는 상태다. 문화부 관계자는 "암각 글자는 표지석이나 위령비와 달리 독도 바위 표면에 직접 새겨져 있어 상징성이 크다"며 '한국땅'이란 한글을 독도 바위에 새겨 넣어 사람들에게 한글의 중요성을 상기시키겠다"고 말했다.(동아일보, 2013.03.27.)

우리 정부가 독도의 어느 바위 자락에서 수십 년간 비바람을 맞으며 지금까지 굳건히 지켜온 '韓國領'이란 암각 글자를 단순히 한글의 중요성을 상기시키고 일본의 계속적인 도발을 억세힐 목직으도 그 일부를 깎아 낸 뒤 그 위에 한글로 된 '한국땅'을 덧쒸우는 방안을 검토하고 있다고 한다.

이들 글자는 분명히 우리 선현들의 혼이 담겨 있는 역사적 유물이 아니던가? 우리의 땅임을 스스로라도 확인해보고자 새겨 넣었던 우리의 피 맺힌 몸부림이 아니었던가?

기사에 의하면 현재 독도에 암각 글자가 새겨져 있는 곳이 동도의 독도경비대 숙소 인근 바위에 1954년 6월 독도의용수비대가 새긴 '韓國領'이 가장 대표적인 암각 글자라고 한다. 그리고 옛 삭도 주변 바위와 독도 정상의 3인치 대포 주변 바위에 '韓國'이라고 새겨져 있는 것과 '獨島鬱陵郡 南面'이라는 한자로 된 암각 글자가 독도 옆면 바위에서 볼 수 있다고 한다.

독도의용수비대가 새긴 암각 글자 이외에는 언제 누가 새겼는지 확실치 않다고 한다. 그러나 지금과 같이 경비대가 24시간 경비를 맡고 있고 문화재청이 총괄적인 관리를 하는 등 체계적인 도서島嶼관리가 전혀 되지 않던 시기여서 뚜렷이 누가 만들었다는 자료는 구하기 어려울지 모른다.

그러나 비록 그 제작 시기와 당사자를 알 수 없다고 해서 소중한 우리의 역사물을 이렇게 소홀히 할 수 없는 일이 아닌가?

한국전쟁을 전후한 당시에 저의 부친이 울릉군수를 하고 있을 즈음인데 자주 독도를 다녀오시곤 했다. 나중에 들었지만 일본인들이 몰래 들어와 일본영토라고 말뚝을 박고 가면 이를 뽑아내고 한국땅이라는 표지석을 박으러 갔고 또 위령제를 지내고 왔다는 등 이런저런 이야기를 어머니로부터 들은 것 같다.

이러한 일들이 당시 독두에서 자주 이루어졌고 이런 과정 속에서 왜놈들에게 이 땅이 한국땅임을 알리려고 한문으로 된 암각 글자(한글로 새겼다면 왜놈들이 그 뜻을 알 수 있었겠는가?)가 새겨졌음을 우린 충분히 짐작할 수 있는 일이다. 이들의 애국심이 이 암각 글자를 오늘날까지 남아있게 한 원인이 아니겠는가?

정부가 한문으로 되어 있는 이 암각 글자를 한글의 중요성을 상기시킬 겸하여 '한국땅'과 같이 암각 글자를 한글로 새롭게 새기는 것을 검토하고 있는 모양이다. 한글로 된 암각 글자를 새롭게 새기는 것에 대하여는 일본을 의식하여 한글로 못 박아 버리겠다는 계산과 우리의 고유 글자임으로 자국 땅이라는 보다 강한 확신을 갖게 하려는 의도로도 볼 수 있다.

그러나 기존에 만들어져 있는 한문으로 된 암각 글자를 일부라도 지워버리고 그 위에 한글로 된 '한국땅'을 새긴다는 것은 빈대 잡으려다 초가삼간 태우는 것과 무엇이 다른지 묻고 싶다. 오히려 오랜 풍화작용으로 나날이 부식되어가는 이들 암각 글자를 잘 보수 정비하여 오래도록 보존해야 함에도 이를 지워버린다면 초가삼간을 태우는 큰 누를 범하게 될 것이다.

정부가 만일 덧씌우기 작업을 허용한다면 역사의식이라고는 전혀 없는 무지한 공무원들을 즉각 파면해야 할 것이다. 어찌 이런 발상이 나올 수 있는지 되묻지 않을 수 없다.

5~60년 전 우리의 젊은 독도 지킴이들이 이름 없는 바위 어딘가를 혼을 불어넣어 정으로 쪼아내어 독도가 우리의 땅임을 알리고자 열정을 불태웠던 그 역사의 현장을 한글의 우수성을 과시하려는 목적으로 지워버린다는 것이 과연 합당한 처사인지 공연히 나 스스로 부끄러워진다.

박근혜 정부가 출범한 지 한 달여 만에 문화부가 만들어 낸 것이 고작 이런 발상이라면 정말 걱정이다.

출향인을 초빙

● SM엔터테인먼트 이수만 대표.

이수만(61) SM엔터테인먼트 설립자 겸 총괄 프로듀서가 4일 서울대 입학식에서 축사를 했다. 이씨는 서울대 농업기계과 71학번 출신이다. 서울대 입학식에서 연예계 인사가 축사를 한 것은 1946년 개교 이래 처음이라고 서울대 측은 말했다.

그는 서울대 신입생들에게 "앞으로 '코리아'라는 이름만으로도 강력한 힘을 발휘할 수 있는 시대가 온다. 한국인으로서, 한국을 대표하는 서울대 학생으로서의 자부심을 가지고 '코리아 브랜드'를 어떻게 융성시킬지 답을 찾아보라"고 당부했다.(조선일보, 2013.03.05.)

지난 3월 18일 우연히 스탠퍼드 대학교의 캠퍼스에 들를 기회가 있었다. 이곳저곳을 구경하면서 그 명성만으로도 선망의 대상인 스탠퍼드 캠퍼스에 들어서자 애플의 창업자였던 스티브 잡스가 갑자기 생각나면서 그의 연설 한 구절이 떠올랐다.

2005년 미국 스탠퍼드 대학교 졸업식에서 스티브 잡스가 행한 연설이 한때는 젊은이들 사이에 가장 심플하면서도 가장 열정적인 연설이었다고 회자된 적이 있었고, 지금도 전 세계 젊은이들의 좌우명과 같은 "Stay hungry, Stay foolish"가 마치 고전古典의 대명사처럼 인식되고 있다. 현재에 만족하지 말고 항상 새로운 삶에 도전하라는 영어식 표현이 멋지지 않는가?

지난달 초 서울대학교 졸업식에서 이수만 SM엔터테인먼트 회장이 이 땅의 최고 엘리트임을 자부하는 서울대학교의 졸업식에 초빙되어 졸업생들에게 꿈과 희망을 주는 연설을 했다고 각 언론에서 한류를 대표하는 K-POP의 개척자임을, 즉 창조적인 인물의 대명사인 것처럼 기사를 다루고 있다.

내가 도동의 우산국민학교(지금의 울릉초등)에 다닐 때의 졸업식은 이층 교사校舍에서 이루어졌는데 교실 칸막이를 전부 떼어내고 학년별로 두 줄씩 나란히 앉아 전교생이 전부 졸업식에 참석을 하였다. 학년별로 우수상과 개근상의 시상이 있었음은 물론이다.

물론 육지의 유명 인사를 초빙할 수도 없었고 기껏 군수나 교장 선생님의 훈시 정도였을 터이고, 어려서이겠지만 그랬던 것 같다. 다만, "잘 있거라 아우들아, 정든 교실아. 선생님, 우리들은 물러갑니다. 부지런히 더 배우고 얼른 자라서 새 나라의 새 일꾼이 되겠습니다." 이 졸업식 노래 2절만 머릿속에 남아있을 뿐이다.

물론 지금은 1950년 당시와 달리 아이들 생각도 많이 다르고 졸업식도 변화가 있을 것이다. 그러나 당시 울릉도는 모든 정보가 단절되고 육지에서 한 달에 겨우 한두 번 연락선이 들어오던 시절이어서 섬 속에 갇혀있던 우리들이 무슨 꿈이 있었으며 장래에 무엇을 해야 할지를 어떻게 상상이라도 해보았겠는가? 그저 떠들고 노는 데만 열중하였을 뿐이었다.

굳이 스티브 잡스가 아니라도 좋다. 이수만이 아니어도 좋다. 우리 울릉도도 이들을 능가하는 울릉도 출신의 훌륭한 인물이 많이 있다. 내표적인 인물이 삼성전자의 윤부근 사장이다. 이들이 고향에 내려와서 스티브 잡스처럼, 이수만처럼 고향의 어린 후배들에게 "Stay hungry, Stay foolish"의 메시지를 전달할 수 있는 기회가 있다면 어린 학생들에게 얼마나 큰 용기를 불러일으킬 수 있겠는가?

울릉도의 중고등학생들이 육지로 견학 가는 것도 좋고, 미국으로 어학연수를 다녀오는 것도 좋지만 암울한 울릉도에서 유년기를 보내고 망망대해와 다름없는 육지로 나가 크게 성공을 거둔 내 고향의 선후배들이 살아 온 인고忍苦의 시절과 생각, 그리고 이루어 놓은 결실을 경험담을 통해 전달이 된다면 더 이상 보람된 일이 없을 것이다.

비록 적은 숫자의 중고등학생들이긴 하지만 한 자리에 모아놓고 그들이 관심을 갖게 될 출향인을 초빙하여 이들과 대화하며 용기를 북돋아 줄 수 있는 기회를 가까운 장래에 가져보기를 희망한다.

다시 찾고 싶은 울릉도

"올해는 관광객들에게 친절하게 대하도록 관광업 종사자들에게 교육을 철저하게 하고 다시 찾고 싶은 울릉도 만들기에 전력을 해주기 바랍니다."

● 최수일 군수가 문화관광과를 찾아 2014년도 업무보고를 받고, "다시 찾고 싶은 울릉도 만들기"를 호소하고 있다.

울릉군 민선 5기의 차질 없는 마무리와 새롭게 도약하는 민선 6기의 알찬 준비를 위해 개최하는 이번 보고회는 세계 속의 울릉, 명품 녹색 관광 섬 조성이라는 군정 목표 달성을 위해 역동적으로 추진해온 군정 추진성과 보고가 있었다. 또 군민 숙원인 입체적 교통망 구축과 특색 있는 관광 인프라 확충, 농수산 분야 신 소득원 창출, 미래 자원 육성을 위한 교육 여건 개선 등 분야별 신규 및 특수시책에 대한 보고와 논의가 이뤄졌다.(경북매일, 2014.01.09.)

최수일 군수가 문화관광과 직원들과의 연초 업무계획을 논의하는 자리에서 관광업 종사자들에게 친절 교육을 철저히 하고 다시 찾고 싶은 울릉도 만들기에 전력을 기울이라고 지시한 것 같다. 이게 바로 대박이 아니겠나? 연초에 박근혜 대통령이 기자회견을 통해 쉬 올 것 같지 않은 통일을 언급하면서 통일은 대박이라고 하여 온 국민에게 신선한 충격을 준 일이 있었다. 최수일 군수가 진정 울릉도를 "다시 찾고 싶어 하는 섬"으로 만들 수만 있다면 이건 정말 불가능해 보이는 통일을 이루는 것처럼 대박이 아닐 수 없다. 울릉군으로서는 그만큼 힘들고 어려운 과제이다. 최수일 군수가 드디어 울릉도의 고질병을 치유하겠다고 나선 것 같다.

울릉도는 아름다운 신비의 섬이고 독도에 대한 호기심 때문이라도 한 번쯤은 꼭 가보고 싶은 섬이었는데 다녀온 사람마다 다시는 이곳에 오지 않겠다고 저주를 퍼붓고 돌아가는 사람들이 있음을 우린 잘 알고 있다. 모르긴 해도 대한민국 어디를 가도 현재의 울릉도 같은 불친절과 바가지, 그리고 무례함, 서비스는 아예 없는 이런 섬이 또 있을까 싶을 정도로 울릉도를 고향으로 둔 향우들은 이 암담한 현실에 늘 안타까워했다. 출향인들의 생각이 이러할 진데 관광객들의 불만이야 오죽하겠는가?

이제는 포항과 묵호, 강릉 그리고 울진에서도 여객선이 다니게 되었고 이 영향일까 지난해는 4십여만 명의 관광객이 울릉도를 다녀갔다고 한다. 이에 맞춰 모자라는 숙박업소도 늘어나고, 볼거리도 많이 만드는 등 관광객들이 늘어남에 따라 울릉도 주민의 소득도 크게 늘어나고 있다. 2002년의 17만 명에서 2.5배나 증가하였으니 관광객을 상대로 하는 업소들은 엄청난 호기를 맞아 밀려오는 손님들로 돈벌이에 정신이 없게 되었다. 업소들의 친절 행위라는 것은 치열한 경쟁에서 우선순위를 점하려는 영리한 상술에서 발전된 것이 아니겠는가? 가만있어도 관광객이 몰려오고 돈이 굴러들어오는 현실이고 보니 관광객에 친절 같은 단어는 애당초 사치였는지도 모르겠다.

많은 관광객들이 꿈에 그리던 울릉도를 찾아오는 과정을 업소 주인들은 알고나 있는지 모르겠다. 그들은 몇 시간에 걸쳐 버스와 세 시간이

나는 울릉도 사내

넘는 여객선을 타고 기대에 부푼 마음으로 멀미마저 마다하지 않고 온 다는 것을. 울릉도에 도착한 날부터 아름다운 경치에 탄성을 지르는 것은 잠깐 뿐이고 곧 업소 관계자들의 불친절과 바가지에 실망하여 이곳 저곳에서 원망의 소리가 들려온다면 이건 관광객들에 대한 배신행위가 아니고 무엇이겠는가?

오래전 울릉도를 갔을 때 단체 관광객 중 한 명이 소주 한 박스를 들고 배에서 내리는 것을 본 순간 난 깜짝 놀란 적이 있었다. 대한민국 어디에서나 쉽게 싸게 구할 수 있는 소주를, 그 무겁고 깨지기 쉬운 병 소주를 불편과 위험을 무릅쓰고 박스채 사 들고 관광지로 온다는 것은 정말 울릉도의 큰 수치라고 말이다.

울릉도엔 물가가 비싸다는 정보가 이미 그들에게 인지가 되었다는 것이 아니겠나? 특히 소주는 더 비싸다는 것을. 분명 울릉도 관광정책에 무언가 심대한 문제가 있다고 생각한 적이 있었다.

울릉군 홈페이지에 올라오는 관광객들의 여행 후기를 들여다보면 얼굴이 화끈거린다. 여느 관광지에서 듣지도 보지도 못한 상상을 초월한 업주들의 막말과 횡포를 지속적으로 고발하고 있다. 많은 관광객들의 분노에 찬 글들은 지금도 계속 올라오고 울릉군의 대응 또한 "죄송합니다" "앞으로 시정하겠습니다"로만 일관하고 있다.

"메뉴에는 1인분에 얼마 그런 식으로 적혀 있어서 두 명이 들어가서 2인분을 주문하였더니 자기 식당에는 3인분이 기본이라며 3인분을 먹지 않을 경우에는 다른 식당으로 가라고 한다."

"두 집이 1kg씩 나누어 달라고 했더니 주인아주머니 아침부터 속 시끄럽게 한다면서 안 판다고 하데요."

관광업소의 종사자들도 이젠 의식을 바꿔야 하지 않을까? 한번 온 관광객들은 다시 오지 않을 테니 친절할 필요가 없다는 인식이 바닥에 깔려있는 것일까? 더 많은 관광객들을 유치하기 위해서도 바가지, 쌍소리, 큰 목소리, 불친절한 행위는 이제 사라져야 한다. 밥 한 그릇을 내놓아도 정성스럽게, 말 한마디를 해도 품위 있고 친절하게, 업소 종사들도 이제는 여유와 자긍심을 갖고 손님을 따뜻이 맞이해도 되지 않겠는가? 비록 여러 여건이 좋지 않아 고객에게 충분한 서비스는 못 하더라도 밑천 들지 않는 친절은 마음만 먹으면 할 수 있지 아니한가?

최 군수가 진정 "다시 찾고 싶은 울릉도 만들기"에 성공할 수 있을까? 다시는 울릉도를 찾지 않겠다고 다짐하는 관광객들의 불만과 문제가 무엇인지는 모두 속속들이 알고 있을 터이고 이를 어떻게 개선해 나갈 것인지 희망을 갖고 볼 수밖에 없다.

울릉도의 미래를 짊어질 양식 있는 청년들은 지금 어디에 있는가? 울릉도는 희망의 섬이거늘 왜 그대들은 입을 닫고 있는가?

영화 '멀리서 내가' 관람 후기

한 열흘 전 울릉도 문화관광과의 김성엽 담당으로부터 전화가 왔다. 내가 울릉향우회 상임고문으로 있고 울사모 편집장을 맡고 있어 알게 되었는지 아니면 나와 오래전부터 잘 알고 있는 김기백 문화관광과 과장의 소개였는지 잘 모르겠으나 울릉도를 무대로 한 본격적인 영화 시사회를 서울에서 먼저 갖기로 했는데 향우들이 많이 관람할 수 있도록 협조가 되었으면 한다는 요지의 내용이었다. 반가운 일이었다.

울릉도에서 올로케이션으로 제작된 영화라니 약간 흥분도 되었다. 내 고향 울릉도를 무대로 한 영화라는데 내가 마치 영화 속의 주인공이 된 것처럼 가벼운 설렘으로 극장으로 발걸음을 재촉했다.

울릉도를 소재로 하거나 배경으로 한 올로케이션 촬영 영화라는 것이 일정부분 한계가 있을 것으로 예상했으나 실제로 작품이 어떻게 나왔는지 은근히 기대와 걱정이 되기도 했다. 과연 철저한 상업정신으로 관객을 끌어모을 수 있는 영화가 탄생 될지도 궁금했다. 극영화라면 관객이 직접 극장에 와서 돈을 내고 볼 것이기 때문이다.

내가 학창 시절인 1965년 전후로 하여 울릉도에서 병원을 운영하던 이임선 박사가 처녀영이라는 울릉도 청년은 주인공으로 한 영화를 제자

했다는 소식을 알고 있었지만 홍보용 영화제작물을 제외하고는 극영화의 본격적인 효시가 바로 '멀리서 내가' 아닌가 싶다.

울릉도를 소재로 한 영화, 이는 정말 고향을 떠나온 내게는 비릿한 바다냄새와 갈바람 불어대는 부둣가에서 어린 시절을 경험했던 촉촉한 감성의 원천을 느낄 수도 있을 것 같았다. 부푼 가슴으로 잔뜩 기대를 가질 수밖에 없었다.

제일 기획에서 기획을 했고 2010년도에 제작된 영화 '거울아 거울아'를 감독했던 박종률 감독이 각본을 쓰고 감독을 했다고 한다. 게다가 남자 주인공 재호를 맡은 배우가 바로 88올림픽 때 굴렁쇠를 굴리는 퍼포먼스로 전 세계인들에게 감동을 주었던 그 꼬마로 어느새 성인이 되어 이 영화의 주인공이 되었다고 한다.

청각장애 발레리나 지안역의 신현빈은 남성으로부터 보호 본능이 샘솟는 가냘픈 여성의 몸매와 대사가 거의 없는 무표정 속에서도 한끝 매력을 발산한 것 같다. 남자 주인공 재호 역의 윤태웅 또한 경상도 사투리가 약간 거슬리긴 했으나 나름대로 열심히 연기를 한 것 같다.

대사와 연기 부분에서는 오히려 조역들의 역할이 더 나았던 것 같다. 특히 민박집 여주인과 저동 보건소 간호사의 억센 경상도 사투리는 일품이었다.

대화가 불가능한 청각장애자가 여 주인공이고 보니 핸드폰으로 의사소통을 하는 장면이 수없이 많이 나와도 이는 어쩔 수 없겠지만 서울에서 내려온 재호 친구인 성일이와 저동항에서 술 마시며 나누는 네 차례 대화는 2회 이내로 줄여도 충분할 것 같은 느낌이었다. 큰 의미의 대화가 아님에도 지루하게 느껴졌다.

예산 문제도 있었겠지만 서울에서 내려간 배우 외에 현지 주민들의 생생한 삶의 현장이 전혀 보이지 않았다는 것 또한 아쉬운 점이었다. 일주선을 타고 가는 장면이나 저동항에서의 지안과 재호가 만나는 장면 등 어디에서도 울릉 주민이나 관광객의 모습은 보이지 않았다.

영화를 보는 내내 지루한 느낌이 든 것은 나만이 아닌 것 같다. 가장 큰 이유가 스토리 구성이 박진감이 없기 때문인 것 같다. 지안이 단순히 어렸을 적 울릉도에 와서 아버지와 찍은 사진 한 장 달랑 들고 그 장소를 찾아 결국 춤을 추게 된다는 설정이 큰 감동을 주지 못한 것 같다.

간혹 울릉도의 비경이 보이긴 했으나 아주 짧았고 특히 마지막 부분에 숲속의 장면이 많이 나오는데 이는 울릉도가 아닌 다른 곳에도 많이 볼 수 있는 장소여서 더욱 그러했다. 내내 저동항 주변과 푸른 숲이 있는 것만은 울릉도만의 멋진 경관이 아니다. 물론 극영화를 홍보용으로 울릉도의 경관만을 보일 수는 없다. 그러나 울릉도의 경관을 사계절을 담아 임팩트가 있는 스토리텔링으로 꾸민다면 한결 멋진 영화가 되지 않았을까 하는 아쉬움이 내내 남았다.

그러나 당일 최수일 군수가 인사말을 통해 "울릉도와 독도의 홍보는 기존정책과는 달리 문화와 예술로 한 단계 승화된 모습으로 변화되어야 한다."는 논리는 과거와는 다른 변화였다.

많은 예산을 들여서 만든 이 영화가 과연 당초의 기대대로 효과가 있을지는 확실치 않으나 문득 몇 가지 조언을 하고 싶은 생각이 든다.

첫째, 영화는 우선 재미가 있어야 함으로 탄탄한 스토리텔링이 있는 시나리오가 전제되어야 한다.

둘째, 울릉도보다 아름다운 경관이 국내는 물론 해외에도 너무나 많음으로 사계절 울릉도의 아름다운 경관이 있는 장소를 특수한 앵글로 표현할 수 있어야 한다.

셋째, 울릉도 주민과 함께하는 역동적이고 살아 숨 쉬는 모습이 주인공들과 함께 어우러져야 한다.

영화평론가도 아닌 내가 영화를 딱 한 번 보고 느낌을 표현한다는 것이 애써 고생하는 고향 후배들에게 어쩜 찬물을 끼얹는 처사라고 할지 모르겠으나 발전을 위한 고언으로 받아주었으면 하는 조그만 바람이 있을 뿐이다.

　또한 이번의 영화 시사회를 계기로 하여 울릉군 당국의 인식의 변화와 미래의 비전을 제시하는 것 같아 진심으로 박수를 보내고 싶다.

출향인의 울릉군수 도전

재선에 성공한 최수일(사진) 울릉군수는 임기가 시작되는 다음 달 1일 취임식을 하지 않고 지역 현안 해결을 위해 현장을 방문한다고 12일 밝혔다.

이날 최 군수는 '세월호 참사' 여파로 관광객이 감소해 어려움을 겪는 주민들을 격려하고, 관광 인프라 구축의 하나인 SOC 사업 등의 빠른 추진을 위해 현장을 방문할 계획이다.

세부 일정은 먼저 충혼탑을 참배하고 섬 일주도로 유보구간 개설 현장, 울릉 신항 제2단계 동방파제 공사 현장 등 국가에서 시행하는 정책사업장을 방문한다. 이어 울릉군이 관광 인프라 구축을 위해 추진하고 있는 서면 태하리 수토 문화조성사업, 삼국시대 우산국 관광자원개발사업, 남양 일몰전망대 모노레일사업현장을 방문해 진척 사항을 점검할 예정이다.(경북매일, 2014.06.13.)

민선 군수선거가 1995년 6월에 처음으로 실시되었으니 올해로 6회째 벌써 20여 년이나 되었다. 그 전만 해도 울릉군으로 발령을 받아 입도한 군수들의 평균 재임 기간이 1년을 전후한 짧은 기간이었고 고위공무원들이 잠깐 쉬어가는 곳이기도 하였으니 울릉인 스스로가 지도자를 선택하게 된 지도 이젠 꽤 연륜이 쌓인 셈이다.

지난 6월 4일에 끝난 울릉군수 선거에 최수일 현 군수가 정태원 농업기술센터소장을 압도적인 표차로 누르고 재선되었다. 정윤열 군수의 도중하차로 보선에 당선되었던 최 군수가 앞으로 4년간 울릉군의 책임자로서 군정을 맡게 되어 모두 그의 활약에 기대를 걸고 있는 듯하다. 역대 군수들이 그러했듯이 최 군수 또한 울릉도를 벗어나 육지에서 거주한 적이 없는 토박이 울릉인이다.

20여 년의 지방자치의 경험을 가진 울릉도에 아직까지 출향인 군수가 나오지 못한 이유는 무엇일까? 언제까지 울릉도에서 태어나 울릉도에서만 생활하는 현지인만이 유일한 해답일 수는 없을 것이다. 넓은 세상에서 배우고 많은 경륜을 쌓은 훌륭한 외부 인재를 수혈하는 것 또한 울릉도에 새로운 활력소가 될 뿐만 아니라 미래의 울릉도를 위해서도 매우 중요한 일이기 때문이다.

출향인의 의미를 어떻게 해석해야 할지는 다소 의견을 달리 할 수 있겠으나 학창 시절을 마치고 일찍 울릉도를 떠났거나, 오랫동안 육지에서 생활의 근거지를 두고 활약한 경우가 출향인의 범주에 들 것으로 보인다. 물론 공무원으로 울릉도에서 근무를 하다가 육지로 전근이 된 경우에는 출향인이라고 하기는 무리가 따를지 모르겠다. 이 경우 근거지를 아예 육지로 옮겼다고 보는 시각이 그리 많지는 않을 것이다.

3회 민선 군수 선거인 2002년에는 국회의원 보좌관 출신에 서울에서 울릉도 식당을 운영하던 이종국(도동) 사장이 출향인으로서 입후보를 하였고 당시 울릉군 농업기술센터 오창근 소장에게 패한 바 있다.

그리고 4년 후 이석준(천부) 회장이 도전하였으나 이 또한 정윤열 군수에게 패하고 말았다. 지금 생각해보면 두 사람 모두 뜬금없는 출마가 아니었는지 모르겠다. 두 사람은 서울에 거주하고 있으면서 향우들에게는 출마 사실을 알리지도 않았다. 적어도 재경 향우들에게 먼저 사자후

獅子吼를 토한 후에 고향 사람들에게 심판을 받겠다는 의지를 보였으면 하는 아쉬움이 있었다.

그러나 이들은 당당하게 향우들과 어깨를 나란히 하며 출사표를 던지는 퍼포먼스도 없었다. 표가 없는 향우들은 안중에 없었다는 것일까, 아니면 한시바삐 고향으로 달려가고 싶었기 때문이었을까? 그들은 마음만 급해 서둘렀고 결국 많은 상처만 남긴 채 쓸쓸히 퇴각을 하고 말았다. 또다시 도전하겠다는 3전 4기의 기백도 없이 조용히 사라지고 만 것이다.

이번 선거에는 울릉군수에 도전한 출향인이 없었으나 앞으로 점차 늘어날 것으로 기대되어 매우 고무적이긴 하지만 그들이 치밀한 준비도 없이 자만에 빠진 채 행여 재향 울릉인의 군수 후보들을 비하해서는 결코 성공할 수 없을 것이다. 물론 육지에 나와 전문 분야에서 나름대로 성과를 이루어 경제계, 군, 관, 교육계 등에서 명성을 얻은 후, 넓은 시야로 고향을 보게 되면 좁은 울릉도에서만 생활하다가 군수로 나서는 후보들이 한심해 보일 수도 있을 것이다.

이제 울릉군수가 되어 멋진 울릉도 만들기에 도전하려는 출향인들에게 몇 가지 제언을 하고 싶다.

우선, 육지에 있는 생활근거지를 몽땅 고향으로 옮기고 5년 혹은 10년 정도 고향을 위해 공적功績을 쌓기를 권하고 싶다. 가장 큰 공적은 공적公的활동을 통해 울릉도에 기여하는 것이다. 예를 들어 군의원이나 도의원 같은 미니 선거에 도전하여 군민들로부터 지지를 얻고 의정활동을 통해 군 현황을 파악하고 울릉도가 필요로 하는 것이 무엇인지, 문제점은 무엇인지, 이를 어떻게 풀어낼지 등을 고민하고 이를 군 행정에 반영하는 일부터 우선하기를 권한다.

다음으로 사회활동을 지속적으로 하는 것이다. 울릉도에도 많은

NGO단체들이 있다. 이런 단체에 가입을 하여 육지에 만들어 놓은 본인의 인맥을 통해 신선한 발상으로 업적을 올리거나 아니면 본인만이 할 수 있는 장점을 극대화하여 여타 사회활동을 통해 울릉도를 위해 공적을 쌓는 것이다. 이 활동은 선거전에 행할 수 있는 일과성에 그쳐서는 아니 될 것이다.

마지막으로 경제활동이다. 앞에 열거한 공적公的활동이나 사회적社會的활동에 병행하여 경제經濟활동을 통해 울릉군민들에게 기여하는 것은 금상첨화다. 그러나 이 모두를 행하는 것이 여의치 않으면 경제활동만으로도 충분히 울릉도에 공적을 쌓을 수 있을 것이다.

고향을 위해 크게 헌신하거나 아무런 공적도 없으면서 육지에서 내가 잘 나가는 사람이었으니 내게 한번 맡겨달라는 식은 울릉군민을 우롱하는 처사일 수도 있다. 일단 고향을 벗어난 출향인은 재향인 보다 몇 배의 노력과 겸양을 요한다.

이제 울릉군민들도 국제적인 감각과 경험을 보유하고 새 시대에 맞는 탁월한 출향인 지도자를 받아들일 준비를 하고 있다고 본다. 다만 출향인들이 오랫동안 치밀한 준비 없이 고향으로 내려가 "나, 이런 사람이야"라는 식으로 지지를 호소한다고 하여 그들의 꿈을 이룰 수 있을지는 의문이다.

7월 1일 취임식도 생략한 채 6기를 맞이하는 최수일 군수의 건투를 빈다.

독도 밟기 운동

세월호 침몰 참사로 여객선 기피증이 확산되면서 울릉도 관광업계가 직격탄을 맞자 울릉군이 관광객 유치에 두 팔을 걷어붙였다.

울릉군이 관광객 유치를 위한 다양한 수단을 마련하고 있는 가운데 최근 전국 시·군·구에 울릉도의 어려움을 호소하는 서한문을 발송했다. (중략) 이에 따라 울릉군은 지역경제 최대 위기상황을 극복하기 위한 방안으로 '울릉도를 운항하는 모든 여객선은 최첨단 쌍동선이며, 단 한 차례의 인명사고도 없었다'는 안정성을 적극 알리는 한편, 청정 특산품 구매를 독려하는 서한문을 발송해 울릉도 관광객 유치에 도움을 줄 것을 호소했다.

특히 아시아에서 유일하게 그린 섬으로 등록됐고, 세계 유명 잡지에 세계 시크릿 아일랜드 10개 섬 가운데 4위를 기록하는 등 울릉도는 대한민국 국민이면 꼭 한번을 다녀가야 할 섬이라고 소개했다.

최수일 군수는 "(중략) 전 국민 독도 밟기 운동에 대대적으로 참여해 줄 것을 간곡히 부탁한다"고 말했다.(경북매일, 2014.08.12.)

발등에 불이 떨어지긴 했나 보다. 매년 증가일로에 있던 울릉도 방문 관광객이 지난 4월 세월호 침몰 사고의 영향으로 지난해보다 40% 이상 감소하여 울릉군 전체가 비상이 걸린 모양새다.

대한민국 시·군·구에 울릉도의 이런 어려움을 호소하는 서한을 보내 눈물로 읍소라도 하겠다는 자세다. 여기저기서 나오는 한숨 소리에 울릉군이 답답하기는 한 모양이다. 최수일 군수는 '오징어축제'와 '전국마라톤대회', 그리고 '독도아카데미' 등을 필두로 하여 총력전을 펴서 관광객 증대에 온갖 지혜를 짜내겠다는 의지가 강력해 보인다.

울릉군은 지금이 관광 위기로 보고 강력한 대응을 하겠다고 별도의 T/F 팀까지 구성했다고 한다. 업무 분야별로 공조를 하여 총괄적인 관리체계를 구성하고 매주 관광객 현황 모니터링과 해당 부서별 관광산업 진흥방안을 모색하는 등 비상 체제 운영에 돌입한다고 했다.

얼마나 관광객에 목말랐으면 이런저런 사정을 지자체에 호소하고, 온갖 대책을 짜내느라 애쓰는 걸 생각하면 거기에 상응하는 효과가 있어야 할 텐데 약간 걱정이 앞선다. 고육지책苦肉之策이긴 하나 이제 와서 새삼스럽게 울릉도가 우리나라에서 최고의 관광지임으로 꼭 와서 어려움에 처해 있는 울릉도를 도와달라고 여기저기에 호소하겠다는 것이 어쩐지 뒤통수가 가려워 짐을 느낀다. 관광이 어디 호소만으로 될 수 있는 것은 아니지 않는가?

"울릉도 여객선은 최첨단 쌍동선이어서 안전하며 지금까지 한 차례도 인명사고가 없었다."

"아시아에서 유일하게 그린 섬으로 등록이 되어 있고, 세계 시크릿 가든 10곳 중 4위인 고로 대한민국 국민이면 꼭 한번 다녀가야 할 섬이다."

"전 국민 독도 밟기 운동에 대대적으로 참여해 줄 것을 간곡히 부탁한다."

틀린 말은 하나도 없다. 정말 맞는 말이다. 그러나 이런 식으로 전국의 지자체에 호소한다고 과연 효과가 있을지 모르겠다. 각 지자체는 제 발등에 떨어진 불 끄기도 벅찬데 남의 동네 관광객 유치 활동에 동조할 지자체가 과연 있을지 의문이 가지 않을 수 없다. 아무리 부서 간 공조 체제를 갖추고 군수를 중심으로 하여 당면 과제인 관광객 유치에 애를 써본들 결국 행정의 책임을 맡고 있는 울릉군 당국자들의 형식논리에 그치고 말 확률이 매우 높다.

울릉도가 어떤 곳인가? 지금까지는 가만히 앉아있어도 저절로 관광객이 들어오고, 독도문제가 시끄러울수록 애국 관광객이 더 늘어나니 관광객에 대한 친절과 서비스는 언제나 뒷전이었던 것을 우린 잘 알고 있다. 많은 관광객이 설레는 마음으로 울릉도를 다녀와서는 온갖 불평과 불만을 늘어놓았으며 어느 것 하나 고쳐지는 모습을 볼 수 없었던 것이 현실이었는데 이제 와서 모두 관광객이 얼마나 소중한지를 느끼고 있는 것은 아닌지 사뭇 흥미롭기까지 하다.

관광객을 상대로 하는 울릉도 업소 관계자들은 관광객에 대해 애써 친절할 필요를 한 번이라도 제대로 느껴본 적이 있을까? 그저 주면 주는 대로 먹어야 하고, 배짱 장사나 하고 애당초부터 고객에 대한 친절과 서비스는 없어도 장사만 잘 되어왔지 않았던가?

해마다 늘어나는 관광객 덕분에 빚내어 최신형 호텔을 짓고 손님맞이 준비를 했던 숙박업소나 대형 식당 등은 갑작스레 발생한 세월호 사고로 인해 썰렁한 부둣가에서 모두 한숨 쉬고 있을 모습을 상상하면 걱정이 아닐 수 없다. 물론 과거의 이런저런 상황을 보면 관광객 감소 현상은 오래 가지는 않을 것이다. 조금만 참으면 다시 돌아올 것이다. 그러나 이번 기회에 관광업에 종사하는 울릉군민 모두, 손님이 얼마나 소중한지를 뼈저리게 느껴야 할 것이며, 최수일 군수가 년 초 부서 순시에서 밝혔듯이 관광업소 관계자들도 친절, 위생, 정도영업 등으로 "다시 찾고 싶은 울릉도 만들기"에 동참하여 이번 기회가 울릉도 관광의 대 전환의 계기가 되었으면 한다.

세월호 침몰이 울릉도의 관광객을 한 방에 40%나 줄였듯이 관광객들이 똘똘 뭉쳐서 울릉도 관광 거부 운동이라도 벌인다면 가까운 장래에 이 보다 더한 관광객 제로의 대참사가 올지도 모른다.

내 고장 체험교육

울릉교육지원청(교육장
최근대)은 최근 관내 초등
학교 병설 유치원 원생 63
명과 교원, 학부모 등 100
여 명이 울릉도 서면 남양리 호박엿 공장에서 호박엿이 만들어지는 과정
을 자세히 배우고 체험하는 시간을 가졌다. 유아들은 울릉도 특산품으로
유명한 호박엿이 만들어지기까지의 과정을 직접 몸으로 체험함으로써
고장에 대해 더 많은 관심과 애착을 갖게 되는 소중한 시간이 됐다.

이날 체험은 엿치기, 엿 자르기, 엿 포장 등 호박엿 만들기 전 과정을 관
람한 뒤 엿 만들기 체험 활동 등의 순서로 진행됐으며 유아들은 평소 먹
기만 했던 호박엿을 자신이 직접 만들어 먹어보며 기뻐했다.(경북매일,
2014.07.07.)

참으로 좋은 세상이 되었다. 어린 시절 우리들은 도동에서 남양리까지
어떻게 갔을까? 그림 속의 유치원생들이었다면 호박엿 공장까지 걸어서
갈 수 있었을까? 버스든 택시든 두 발 이외에는 아무런 대책이 없었던
시절이었으니까 어른들 등에 업히는 수밖에 없었을 것이다. 꼬마 아이들
이 남양리에 있는 호박엿 공장에 체험행사를 다녀왔다는 소식에 내 어렸
을 적의 울릉도 생활이 아련히 떠오른다.

어른들이 어린 꼬마들을 둘러업고 이곳저곳으로 체험 활동을 시킬 리

도 만무했고 오히려 눈에 빠질세라, 바닷물에 빠질세라, 돌에 맞을세라 조심하는 것 이외에는 체험 같은 것은 꿈도 못 꾸던 시절이었다. 오히려 형편이 조금 나아지면 이 지긋지긋한 울릉도를 떠나야 한다고 어른들은 입버릇처럼 투덜대곤 했었다.

지금처럼 일주도로가 있는 것도 아니며 시간마다 버스가 다니거나 자가용이 있지 않던 옛날에는 울릉도 어느 구석에 무엇이 있는지 알 수 없었고 다만 귀동냥으로 조금 알 뿐이었다. 그래도 초등학교 졸업반이 되어 도일주島走를 하게 되어서야 남양리가 어떻게 생겼는지, 현포에 고인 돌 무덤이 어떤 것인지, 송곳산이 어떻게 생겼는지를 겨우 알 수 있었다.

난, 초등학교를 졸업하고 일찍 고향을 떠나왔기 때문이었을까. 늘 내 마음 한구석에는 고향에 대한 아련한 그리움이 자리를 잡고 있었다. 오랜 세월 이곳저곳 타향살이를 하면서 느낀 것이지만 고향의 그리움이라는 것은 일찍 타지로 나와 객창客窓설움을 제대로 겪어야 만 고향에 대한 애착이 커진다는 사실이었다.

일본 출장이 잦던 시절이었는데 어딜 가나 차분한 일본 시민들의 움직임, 별것 아닌데도 이런저런 스토리를 엮어서 관광명소로 만들어 놓고, 자랑스럽게 자기 고장을 소개하는 안내원을 보고 울릉도에도 이런 것이 꼭 필요하다고 느꼈었다. 특히 안내원의 자기 고장에 대한 자부심을 보고 저건 유년 시절 교육의 힘이라고 판단했다.

자신이 태어나고 자란 고향에 대한 역사와 문화, 유적지 그리고 사회 체험교육이 꼭 필요하다고 생각했고 일본 친구에게 우정 부탁을 하여 초등학교 사회 교과서를 많이 구입하여 이런 희망 사항과 함께 울릉교육청에 전달한 바 있었다.

1990년 전후인 것 같은데 당시 울릉교육장인 이종렬 선생에게 『우리 고장』이라는 책을 만들어 초등학교 학생들에게 정규 교과로 채택하면 어떻겠느냐고 제안을 한 적이 있었다. 지긋지긋한 울릉도가 아닌 자랑스러운 울릉도가 되기 위해서는 어렸을 적부터 '내 고장 교육'이 꼭 필요한 것 같다고 하며 출간 비용 일부도 내가 부담할 수 있노라고 첨언까지 해두었는데 나중에 이종렬 선생으로부터 당신이 쓴 울릉도 에세이와 함께 이제는 옛날과 달리 모두 잘 하고 있으니 걱정 말라는 회신을 받은 적이 있었다.

어린 학생들에게 저동에 있는 촛대바위의 유래와 현포의 고인돌을 소개하고, 저동에 있는 어판장을 찾아가 경매사들의 그 현란한 손놀림도 보여주고 태하리에 있는 심층수 공장도 견학하며 경제를 배우게 하고 울릉군은 어떤 일을 하는 곳인지, 우체국에서는 봄나물을 어떤 과정을 거쳐 육지로 보내는지, 농협에서 돈을 입금하고 찾는 것도 배우고, 소방서가 왜 필요한지를 배우는 것은 고향에 대한 애착심을 키우는 것뿐만 아니라 사회생활에 꼭 필요한 것들을 배울 수 있는 참교육의 기회가 될 것이다.

내 젊었을 시절의 그 바람은 지금도 진행형이라고 본다. 교과서 제작 비용도 그리 많이 들지는 않을 것 같다.

우선 다른 나라에서 진행되고 있는, 특히 유럽, 일본 및 미국 등의 자기 고장에 대한 교육을 어떻게 실행하고 있는지 자료를 수집하고, 울릉군과 교육청이 공동으로 힘을 모아 '우리 고장'이라는 교과서를 만들면 어떨까?

물론 교육청이 주관하여 집필진을 선정하고 출판 비용에 대한 대책 등을 검토하는 것은 물론 교과서의 내용과 수준을 심의도 해야 하고, 그 내용으로는 울릉도 전역에 걸쳐있는 명소 및 유적 소개, 관공서, 농촌, 어촌, 바다와 육지 식물, 독도 등의 상세한 소개와 현장 체험이 될 수 있을 것이다.

수강 대상은 초등학교 4학년 혹은 5학년에서 1년 과정으로 주 1회 학습과 체험 활동을 병행하면 제대로 된 체험 교육이 되지 않을까 한다. 몸으로 체험함으로써 내 고장에 대한 더 많은 관심과 애착을 갖게 되는 것은 일과성 체험만으로는 결코 이루어질 수는 없는 것이다.

모처럼 울릉교육청에서 어린아이들 60여 명을 인솔하고 호박엿 공장에서 즐거운 현장 체험을 하였다는 소식에 25여 년 전 울릉교육청에 일본 교과서와 제안서를 보냈던 생각이 떠올라 잠시 옛 생각에 잠겨본다. 고향에 대한 애정은 어린 유년 시절부터 관심과 애착을 가질 수 있도록 몸소 터득하는 것만이 백년 미래의 밝은 울릉도가 되지 않을까 혼자 중얼거려 본다.

울릉도의 대변신

실로 5년 만에 가는 울릉도, 고향길이었다. 몇 차례 갈 기회가 있었지만 이런저런 이유로 선뜻 나서지 못했었는데, 이번에는 울릉군에서 군민의 날 행사에 서울에 있는 향우들을 초청하였고 덕분에 가벼운 마음으로 다녀오기로 했다.

이번에 둘러본 울릉도는 일일이 열거하지 않아도 놀랍도록 변모한 모습이었다. 몇 가지 보고 느낀 점을 생각하면서 미래 울릉도의 자화상을 그려본다.

저동의 '울릉회타운' 건물, 그 옆에 깔끔하게 나란히 정돈되어있는 처음 보는 수족관. 천막 안에 쪼그리고 앉아 회를 썰어 팔던 도동항 아주머니들의 모습은 지금 건설 중인 또 하나의 회 센터로 옮겨갈 것이다. 야외의자에 앉아 파도소리를 들으며 먹는 전통의 멋은 사라질지 모르지만 젊은이들과 미래를 생각한다면 당연한 선택일 것이다.

관광객들에게는 매우 중요한 화장실도 대변화를 이루었다. 촌스럽지 않고 세련된 모습의 화장실이 필요로 하는 곳곳마다 배치되어있는 것 같다. 한 번도 불편함을 느끼지 못했다. 충분한 화장지까지 준비되어 있고.

온 동네마다 고급호텔 러시다. 도동에, 사동에, 천부에도. 고급 마감재를 사용한 세련된 색상의 외관과 7, 8층 높이의 대형 숙박시설들은 엄청난 변화를 예고하고 있다. 옛집을 개조한 민박과 펜션형 숙박시설로만 만족할 수밖에 없었던 울릉도의 숙박시설이 겉모양뿐만 아니라 내부도 확 바뀌고 있었다.

넓어진 화장실, HD TV, 인터넷, 깨끗한 머리빗, 화장품, 일회용 면도기, 면봉 등 소모품의 준비도 돋보이고 이부자리 또한 청결했다. 이런 변화의 추세라면 앞으로는 개별관광이 붐을 이룰 것 같다. 떼거리로 한 방에 잠 잘 수밖에 없었던 단체관광이 아니라 개별관광객이 늘어날 수 있는 환경 이 만들어지게 되면 먹거리도 고급형으로 변모하게 될 것이다. 고급호텔 처럼 친절하고 고급스러운 식당으로 말이다. 정말 기대가 되는 점이다.

울릉역사문화센터에는 투박한 울릉도 말씨에서 부드러운 서울 말씨 를 쓰는 멋쟁이 여성 센터장이 부임하여 개방화된 울릉도를 보여주고 있 었다. 여기에는 울릉도의 야생화를 그리는 전시회도 하며 지역 내의 동 호인들로 모인 오케스트라 팀이 매주 연주도 하고, 100권 책 읽기도 정 례화하고 있다고 한다. 울릉문화의 첫 시발점이 될 것 같은 예감이다. 갑 자기 들이닥친 관광객들로 인해 돈벌이에만 정신이 팔려 자칫 황폐해질 수 있는 환경을 문화 활동으로 승화시킬 수 있는 여지가 보인다.

● 사동항 공사가 한창이다.

사동 방파제 공사만 해도 그랬다. 고 박정희 대통령이 대통령으로서는 처음 다녀간 이후 시작된 저동항 공 사가 십수 년에 걸쳐 만들어졌다면 지금은 엄청난 스피드로 공사가 이 루어지고 있음을 실감했다. 육지에 서 만들어진 케이슨이라고 하는 9미터 높이의 벽돌을 노동자들이 계속 물에 떨어뜨리고 있었다. 잠수부가 손짓을 하고 바지선과 대형 크레인이 분주히 오간다.

사동항이 만들어지면 대형 크루즈와 독도를 지킬 수 있는 군함도 들 어올 수 있는 환경으로 바뀌게 되는 것일까? 몽돌로만 가득했던 사동이었지만 아름다운 옛것만 보존할 수 없지 않겠는가? 가히 천지개벽이라 할만했다.

임대주택 건설 선포식이 있는 날 마침 도동에 있었던 터라 참석했는데 이런 멋진 임대주택 수백 가구가 건설되면 영세 주민들에게 돌아가는 혜택은 말할 것도 없거니와 울릉도의 주택문화도 이에 영향을 받아 이 아파트건설이 선도역할도 할 것으로 보인다.

태하령에서 현포로 넘어가는 도로 옆에는 왕해국과 털머위로 조성된 소공원이 여섯 계단인가, 일곱 계단인가 현포 언덕까지 데크로 된 보행로로 이어져 있어 차분한 관광섬의 분위기를 연출하고 있었다.

많은 곳에 전망대가 설치되고 조그만 동네인 태하에는 수토역사전시관이 될 대형 건물도 막바지 공사로 치닫고 있었다.

아직 미진한 부분도 많기에 울릉도가 안고 있는 문제점 해결에 다소 시간이 걸리겠지만 가까운 장래에 울릉도가 대변화를 예고하고 있음은 분명해 보였다. 모든 생활의 대변화가 이루어질 것이다. 외부 환경이 변함에 따라 생활 수준은 물론 문화 수준도 바뀌게 될 것이고 주민들의 의식 수준도 스마트한 선진국의 의식 수준으로 변화가 이루어질 예감이 든다. 대한민국에서 최고로 살기 좋고 상대방에 대한 배려가 가득하고 삶의 가치가 넘치는 풍요로운 울릉도로 말이다.

이 모든 변화의 이면에는 군수를 비롯한 군직원들과 의원들의 소명의식이 없고서야 이룰 수 없었을 것이다. 청정 관광섬 울릉도로 가는 미래가 살포시 눈에 들어왔다. 미래의 울릉도가 어떻게 변화해야 하는지 이들은 분명한 청사진을 갖고 온몸으로 말하고자 하는 것 같다.

"아! 울릉도는 이렇게 변해가고 있구나"라고 혼자 중얼거리며 새벽 출항하는 여객선을 타기 위해 저동항으로 가고 있다. 기분 좋은 고향길이었다.

작은 음악회

지난 1월 초, 울릉역사문화센터에서 작은 음악회가 열렸다. 일본식 다다미방과 반질반질한 마루하며 오랜 연륜이 묻어나는 고색창연古色愴然한 일본식민지 시대에 지은 이층집에서 열린 것이다.

이 집은 울릉도의 제일 갑부라고 하던 이영관(수 년 전에 돌아가심) 씨가 일본인으로부터 구입하여 고인이 사망할 때까지 살던 곳이다. 고인께서 이 집을 팔아야 되겠는데 마땅한 사람을 소개해달라고 내게 부탁도 해왔던 유서 깊은 집이다.

내가 고향에서 학생활동을 하던 시절 고인을 명예회장으로 모셨고 매해 방학 때마다 찾아뵙고 사업계획을 보고하고 활동비도 타 쓰던 추억이 깃든 곳이기도 하다. 그리고 간혹 지나치다 보면 예쁜 딸들을 멀리서나마 볼 수 있기도 한 곳이었다.

울릉군수관사(지금은 박정희역사관)와 더불어 울릉도에 몇 남지 않은 일제강점기 시대의 유산인 이곳에서 음악회가 열린 것이다.

지난 가을 이곳을 찾았을 때 책임자로 계시는 허순희 팀장의 소개로 알게 된 것이지만 울릉도의 각종 문화에 대한 열정을 가진 사람들이 자주 모임을 가진다고 했다. 오케스트라 단원들이 매주 연습도 하고 100권 책 읽기 모임도 만들고 야생화전시회도 갖는 등 울릉도 문화의 시작이 본격화되고 있다는 느낌을 받았던 곳이다.

이곳에서 병신년丙申年 새해 음악회가 첫 테이프를 끊었다는 소식을 듣고 문득 옛 생각에 잠시 젖게 되었다. 참으로 오래전 일이다. 그게 1965

년도 꼭 50년 전 내가 대학교 2학년 때의 일이다. 당시 매년 여름과 겨울방학이면 난 울릉도로 달려가 어린이 글짓기 대회, 연극, 신춘강연회 등을 개최하며 학생활동을 했었는데 그중 하나로 '음악감상회'(우린 그때 그렇게 불렀다)도 열곤 했었다.

당시의 울릉도 젊은 남녀들은 기껏해야 라디오를 통해 음악에 접했을 뿐 남녀가 한자리에 모여 음악을 듣는다는 것은 상상도 못할 때였다. 나의 친척이며 친구같이 오랫동안 같이 해온 홍용표가 클래식 음악에 꽤 조예가 깊어 울릉도에서 '음악감상회'를 갖자고 의기투합을 했었다. 마침 서울 남산에 있던 시청각교육원 원장이 울릉도 출신이어서 쉽게 협조를 얻어 명곡을 위주로 선곡하고 녹음하여 울릉도로 들어왔다.

지금 울릉군청이 있는 바로 옆 경찰서장 관사 앞에 일본식 낡은 건물인 울릉문화원이 있었고 이곳에서 우린 대형 소니녹음기를 틀어놓고 음악감상회를 가졌었다.

홍용표가 해설을 맡았고 꽤 많은 젊은 남녀가 모여 즐거운 시간을 가졌던 것이 엊그제 같은데 이제 이곳에서 이렇게 매주 연습도 하고 음악회도 여는 것을 보니 감회가 새삼스럽다.

그간 울릉도에서 이런저런 음악회가 열렸다는 소식이 간혹 들려오긴 했으나 울릉도에는 클래식과 같은 음악이 널리 보급될 수 없는 실정이었다. 그래도 2008년의 금난새가 지휘하는 오케스트라단이 한마음회관에서 공연을 하고 간헐적으로 거북바위 마을 음악회나 정유 씨의 바이올린 연주회 같은 것이 있기는 했었다. 하지만 모두 생업에 바빠 관심이 덜할 뿐만 아니라 젊은이들은 각자 인터넷과 스마트폰으로 즐길 수 있어서 음악회가 정례화되기는 어려운 것 또한 현실일 것이다.

이제 울릉역사문화센터가 이곳 문화 활동의 중추적인 역할을 해줄 것으로 보인다. 단발성이 아닌 지속적인 문화 활동이 처순희 팀장이 열성

● 울릉역사문화체험센터의 뒷편 모습.

과 어우러져 쭉 이어질 것 같은 예감이 든다.

　오랫동안 교사 생활을 했던 내 친구 이용기 선생도 최근에 아코디언을 구입했다는 소식도 들은 바 있는데 가까운 시일에 연주단에 입단하여 멋진 연주를 해주길 기대해 본다.

　그리고 내게 초청을 해주면 기꺼이 참석하여 옛날 내가 기획했던 음악 감상회의 옛 추억 속이라도 다녀오리라.

울릉수협과 김성호

"연체율 0%, 울릉수협"

눈을 비비며 다시 한번 기사를 봤다. 연체율 제로라는 기사였고 그 주인공은 울릉수협이며 조합의 선장은 김성호 조합장이다. 금융기관이라고 해야 울릉농협과 울릉수협 두 군데가 고작인 작은 섬에서 대출금 800여억 원의 조합이 연체율 제로라는 것이 도무지 믿겨지지 않았다.

● 김관용 경북도지사로부터 표창패를 받고 있는 김성호 조합장(오른쪽).

2001년도인가 울릉수협이 부실 경영으로 인해 자본잠식이 되었다는 소식이 있었다. 이 당시 다른 육지의 수협 또한 대부분 그러했으나 자본잠식 78억 3천9백만 원과 미처리결손금 95억 7천만 원의 대차대조표를 손에 쥐고 한숨 쉬던 울릉수협이었다. 중매인들의 오징어 대금 부실과 여타 요인으로 경영부실이 되었고 만성적자에 시달리면서 조합이 해체될 위기 상황이었다.

기업으로 치면 부실기업으로 부도가 나는 것이 당연한 결과였으나 2년 후 공적자금 137억 6천만 원이 긴급 수혈되어 재생의 토대가 마련되었으나 쓰레기통에 장미꽃이 필 수 없듯이 만신창이가 된 조합의 재생은 꿈같은 이상일지 모르는 일이었다.

최대의 위기에 놓인 이때 김성호라는 인물이 울릉수협의 조합장에 취임했다. 그는 취임 후 관용차도 폐기하고 온갖 경비를 절감하는 등 임직원들과 함께 피눈물 나는 경영 정상화의 대장정을 시작했다. 수협노조로부터 탈퇴하여 자체노조를 결성하고 지역 현실과 정서에 맞는 자구노력을 꾸준히 해온 결과 성과가 나타나기 시작했다.

2004년 부실의 늪에서 경영개선 등 자구노력을 시작한 이래 10년이 된 2010년에는 공적자금을 전액 상환하기까지 했다. 또한 2012년에는 미처리결손금도 전액 상환하는 쾌거를 이루게 되었다.

그뿐만이 아니라 2015년도에는 1914년 개청 100년 만에 '천억 원 달성탑'의 표창을 받게 되었다. 부실조합의 오명에서 전국수협조합 91개 중 9위의 우량 금융기관으로 거듭나게 되었다.

그것도 어려운 경영환경에서 이루어진 것이어서 더욱 빛을 발하고 있다. 중국 어선들의 싹쓸이 조업과 대형트롤어선의 불법조업, 기온상승으로 인한 극심한 어황 부진과 같은 무수히 많은 악재에도 불구하고 이 어려움을 이겨낸 것이다.

다른 조합의 상황을 보면 울릉수협의 경영성과가 얼마나 소중한지를 단박에 알 수 있다. 지난해 우리나라 수협 전체의 누적 손실이 무려 6,528억 원이고 부실 대출액 또한 4,282억 원이었다. 이는 우리나라 수협 92개 중 90개가 부실 조합에 해당이 되는 수치다.

지난 2월 20일 그간의 보상인양 울릉수협이 '클린 수협 인증패'를 받았다. 예탁금 1,040억 원, 대출금 800억 원, 연 4년째 고배당 지급 등 울릉수협은 1등급 조합으로 거듭나게 되었다. 그리고 드디어 연체율 0%라는 쾌거를 이룬 것이다.

사실 연체율 제로라는 것은 거의 기적에 가까운 숫자다. 총예금 가입자가 몇 명인지 아는 바 없으나 연체율 0%라는 것은 모든 금융기관의 꿈이 아니던가? 이는 결코 쉬운 일이 아니다.

울릉도 수산인 모두의 저력과 노력, 그리고 전국 일등의 목표 없이는 불가능한 일이었을지 모른다. 더욱이 울릉수협을 반석 위에 세워놓고야 말겠다는 김성호 조합장의 굳건한 소명 의식과 강력한 리더십 없이는 애초부터 꿈도 못 꿀 일이었는지도 모른다. 얼마 남지 않은 현역의 중심에서 그의 뜨거운 열정이 계속 이어지길 바란다.

육지에 사는 출향인으로서 고향 후배들의 뜨거운 열정에 힘찬 격려의 박수와 함께 뿌듯한 마음 가득할 뿐이다.

울릉도의 '깍개등'

설 연휴 사흘간 KBS 1TV에서 3부작 "울릉도에 산다" 설 특집방송을 한다는 소식을 접하고 TV 앞에 바짝 다가앉았다. 간혹 울릉도를 소개하는 특집방송이 TV에 나오곤 했으나 코로나로 인해 방콕 신세가 된 터라 고향 스토리가 나온다는 소식에 설렘과 한 컷이라도 놓치지 않겠다는 마음에 눈을 크게 뜨고 본다.

내 고향 울릉도에 '깍개등'이라는 같은 이름이 네 곳이라는 것도 오늘에서야 처음 알게 되었다. 깎아지른 산등성이의 오지를 '깍개등'이라고 한단다. 해설자의 말로는 이곳은 사람이 살기에는 너무 험한 곳이라 했다. '구암깍개등', '저동깍개등', '천부깍개등', '도동깍개등' 등이다.

유년기의 우리들은 '깍개등'을 '깍개터', '깍기터' 또는 '까깨뜨' 등으로 불렀던 것 같다. 아주 어렸을 때였으니 친구들마다 발음을 달리 해도 그것으로 통했지 동네 이름을 글로 써본 적이 없으니 우린, 어른들이 부르는 대로 따라 부르면 되었기에 새삼스럽게 '깍개등'이라는 공식 이름을 대하니 약간은 어색하다.

1편은 오지인 산속에 살고 있는 사람들의 겨울 생활을 조명한 것으로 '구암 깍개등'과 '저동 깍개등'에서 눈보라 속에 살아가고 있는 이들의 이야기를 전해주고 있다. '구암'은 원주민인 김명복 씨 내외, '저동'은 나이 든 이주민인 김등환 씨 내외가 섬에서 살아가는 삶을 보여주고 있다.

'깍개등'? 내게는 매우 친숙한 곳이다. 내가 알고 있는 '깍개등'은 도동과 저동에 있는 곳뿐인데 '구암'과 '천부'에도 '깍개등'이 있다고 한다.

도동에 있는 '깍개등'에는 초등학교 친구인 임광호와 일찍 세상을 떠난 이진호 둘이 살고 있어서 간혹 놀러가곤 했으나 지금은 모두 살고 있지 않고 한 때는 땅이 갈라져서 위험한 곳으로도 소문난 곳이다.

내게는 성년이 되어 스키를 가끔 타던 곳이기도 하다. 스키가 서툰 내가 방향을 잘못 잡아 소나무 가지를 잘라 탑처럼 모아둔 덤불로 직행하여 찔려 죽을 뻔한 곳이다. 그리고 '깍개등' 하면 바로 떠오르는 것이 '안평전' 가는 길에 위치해 있어 내가 다섯 살 무렵 피난 갔던 '안평전'과 늘 같은 동의어로 각인되어 있다.

아버지가 군수로 재임하고 있을 때인데 곧 인민군이 울릉도까지 쳐들어온다는 소문이 떠돌아 어머니와 단둘이 '깍개등'을 거쳐 '안평전'으로 피난을 간 것이었다. 보름달이 환하게 비치던 바람 한 점 없던 적막한 밤, 엄마 등에 업힌 채 '깍개등'을 거쳐 안평전으로 향하던 어린 시절이 주마등처럼 스쳐지나간다. 피난 가는 것을 어른들은 '소까이'간다고 했는데 바로 피난 가던 길목이 도동 '깍개등'이어서 더 정감이 간다.

저동에 있는 '깍개등'에는 먼저 세상을 떠난 친구 배석범이 살았다는 이야기를 들었던 것 같은데 어머니와 함께 딱 한 번 간 적이 있었다. 지금의 울릉고등학교 뒤쪽으로 가다 보면 네모 난 콘크리트 홀에 물이 가득 담긴 작은 저수지가 있었고 논두렁 같은 곳을 지나 언덕으로 올라간 것 같다. 이 또한 초등학교 입학 전이었는데 어머니를 따라 어느 초가집으로 가서 감자떡과 고구마, 삶은 옥수수를 맛있게 먹은 기억이 새삼 떠오른다. 지금도 저동 '깍개등'하면 늘 그때의 감자떡과 강냉이 생각이 떠오른디.

2편은 도동과 천부의 '깍개등' 이야기를 원주민과 이주민의 각기 다른 시각에서 조명했다. '도동 깍개등'에 터를 잡고 있는 원주민인 박중환 씨는 몸이 아파 집을 떠난 지 일 년 만에 돌아왔다는데 그곳에 살았던 임광호와 많이 닮아서 깜짝 놀랐다. 도동 아랫마을로 내려왔다는 광호가 다시 '깍개등'으로 올라간 줄 착각할 정도였다.

"살찐아! 밥 묵자!" 하는 소리에 난 웃음이 나왔다. 어디서 많이 들었던, 실로 오랜만에 듣는 '살찐아'는 고양이를 부를 때 부르던 울릉도 말이었다.

'천부 깍개등'은 '본천부'로 올라가는 언덕배기 같아 보이는데 이주민인 정헌종 씨가 집을 짓고 홀로 생활하고 있었다.

각자 나름대로 많은 사연을 안은 채 깎아지른 산등성이에서 삶을 이어가고 있다. 내 생각에는 예전과 달리 지금의 울릉도는 오지랄 것도 없을 듯하다. 마을에서 멀리 떨어져 지낼 뿐 웬만하면 트럭도 소유하고 군에서 도로포장도 해주고 전기도 넣어주는 등 주민들에게 많은 도움을 주고 있다고 들었다. 어쨌건 눈이 하얗게 쌓인 내 고향의 산천을 평지가 아닌 드론으로 하늘에서 내려다보니 정말 옛 생각에 감회가 새롭다.

고로쇠를 채취하는 모습, 대나무 스키를 타는 아동들의 모습, 조기라고 불렀던 한치 낚시, 바위에서 돌김을 캐고 말리는 작업과 마른 김을 홍두깨 같은 롤러로 미는 모습이 정겹다.

그런데 어찌 된 일인지 울릉도가 내 고향이 아닌 것 같은 느낌이 순간 든다. 외지에서 온 사람들의 말이 달라서일까, 무언가 고향을 빼앗긴 기분이다. 고향이 이렇게 바뀌고 있음에도 억양과 생각이 다른 이주민들에게서 아직도 난 낯선 느낌을 지울 수 없다. 이제 고향은 내 오랜 기억 속에서만 남아있을 뿐 나 스스로 점차 이방인이 되어가고 있음에 스스로 놀란다.

나는 울릉도 사내

울릉도 여인

울릉도 여인은 향기가 난다. 야생마野生馬다. 너무나 맑고 순수하다. 그리고 열정적이며 아름다운 자태姿態가 물씬 풍긴다.

사람은 태어나고 자란 토양과 특별한 인과관계를 맺게 된다. 서양과 동양의 여인들이 다르고 같은 동양이라도 나라마다 조금씩 피부색과 외모가 다른 것은 바로 이 토양이 원천이기 때문일 것이다. 이 땅의 여느 곳에 태어난 아이들은 밋밋한 유년 시절을 보내지만 거친 파도를 친구삼아 지내는 섬 아이들은 언제나 세찬 바람을 맞으며 자기 보호 능력을 키우려 한다. 울릉의 여인들은 절해絶海의 고도에서 태생적인 외로움을 안고 태어났지만, 육지인陸地人과는 전혀 다른 환경에서 자랐다.

울릉도에는 특이한 꽃들이 많다. 섬기린초, 섬노루귀, 참나리, 섬말나리, 해국 등 고고한 맵시로 뽐내는 꽃들이 있는가 하면 은은한 향이 섬 전체에 퍼지는 섬백리향 꽃도 있다. 온 산천에 흰 눈이 쌓이는 겨울에도 울릉도 특유의 빨간 동백은 너무나 단아端雅하다.

울릉도 여인들은 오랫동안 산과 들 그리고 해변에서 유년 시절을 꽃들과 함께 성장했기 때문일까 많이 닮아있다. 그 아름다운 꽃들이 항상 그들의 곁을 맴돌고 있어 심성 또한 곱기 그지없다. 그래서 몸속에 축적된 꽃의 향기가 체화體化되었을지 모른다.

범상치 않은 산세山勢는 어떤가? 오각형 섬으로 된 섬 둘레는 깎아지른 낭떠러지로 둘러쳐져 있다. 여차하면 굴러떨어지는 아슬아슬한 바윗돌이 항상 곁을 떠나지 않는 단애斷崖가 위협적이다. 언제 덮칠지 모르는 불안감에 아래위 앞뒤를 조심스럽게 살피는 습성이 몸에 밴 탓에 세파世波에도 결코 덤벙대지 않는다. 작은 세상일에 연연해하지 않는다. 주눅 들지 않고 정면으로 받아치며 해결하려는 의지가 강하다. 야생마와 같아서 어디를 가도 개척정신이 강할 수밖에 없는 것이다.

맑고 깨끗한 물은 어떤가? 싱그러운 공기와 함께 맑고 깨끗한 물이 섬 전체를 요동치며 여인들의 매끈한 피부를 만들어내고 있다. 울릉도 물은 고운 피부를 만들어내고 마음마저 맑게 만드는 울릉도 특유의 마법魔法을 간직하고 있다. 그것도 두레박으로 끌어올리는 물이 아니라 땅속에서 콸콸 쏟아져 나오는 용천수湧泉水를 마음껏 쓸 수 있는 사람들이 울릉도 여인들이다. 맑고 깨끗한 물만으로도 미백美白의 극치를 이룬다. 도동과 저동, 사동, 남양, 태하동 그리고 천부동이 다르지 않다. 특히, 천부의 여인들은 가까이 있는 추산錐山 용천수를 다른 동네 여인들보다 많이 쓰기 때문일까 더욱 아름답다.

이뿐만 아니다. 이들은 화산암 토양에서 나온 울릉도 고유의 산나물인 부지깽이, 명이, 미역취, 고비 등을 일상적으로 섭취한다. 나쁜 공기와 오염된 땅에서 재배되는 육지의 농산물과는 차원이 다르다. 울릉도 흙에서 생산된 산나물은 향 자체가 다르거니와 고운 피부 형성에도 큰 영향을 미쳤을지도 모른다. 먹거리의 독창성 또한 차별화에 한몫 하고 있다.

결국 울릉도 여인들에게는 담박淡泊한 향기와 열정적이고 자유분방自由奔放한 야생의 미美, 순수함 그리고 이 모든 것이 자연스레 일체화되어 아름다운 자태로 표출表出되어 진 것이 아닐까 한다.

육지에서 들어온 사내들이 울릉도 여인에 홀딱 빠져버리고 만 에피소드는 차고 넘친다. 멀리 갈 것도 없다. 육지에서 입도한 내 몇몇 친구들이 한눈에 반했던 여인들이 모두 그러했다. 이들은 내가 잘 알고 있는 같은 시대의 향기 나는 울릉도 여인들이었다. 더러는 결혼으로 성공했지만 더러는 가슴앓이만 하다가 젊은 날의 추억으로 마감된 일이 얼마나 많았겠는가?

울릉도를 '3무無5다多'의 섬이라고 한다. 5다多는 물水, 돌石, 바람風, 향나무香 그리고 미인美이다. 어떤가? 펑펑 쏟아지는 나리분지로부터 흘러내린 용천수의 물水과 기암절벽으로 이루어진 바윗덩어리 돌石, 윙윙 소리 내며 매섭게 불어대는 바닷바람風과 온 산천을 휘감는 향기香들이 4다多이다. 이 모두가 서로 아우러져 5다多 중 마지막인 미인美을 만들어냈으니 '울릉도 여인들'은 그들의 초석礎石이 된 이 4다多에게 오히려 감사를 드려야 할지 모르겠다.

2022년 1월 28일, 울릉향우회 페이스북에 게재된 안찬숙(68, 도동, 송파) 향우의 "어머⋯ 울릉도 사람같이 안 생겼네요" 글을 읽고 쓴 것입니다.

● 2018년 바자회에서 봉사하는 울릉 여인들.

특별지정 장학금 유감

울릉도 출신으로 서울대학교(응용생물화학부)와 경북대학교(치의예과)에 동시 합격한 조군에게 특별지정 장학금 1천만 원이 전달됐다. ㈜울릉군교육발전위원회(이사장 김병수 울릉군수)는 지역업체인 ㈜우정산업(대표 한익현)과 ㈜동도레미콘(대표 방대식)이 조군에게 각각 500만 원씩 지정기탁 장학금을 8일 조군에게 전달했다고 9일 밝혔다.

울릉도에서 레미콘을 생산하는 우정산업과 동도레미콘은 올해 1월 각 2천만 원의 장학금을 울릉군교육발전위원회에 기탁하면서 기탁금 중 각각 500백만 원을 조군에게 특별지정 장학금으로 기탁했다.(이하 생략)(경북매일, 2022.02.10.)

경북매일에서 전하는 장학금 소식과 함께 장학증서를 들고 있는 울릉군수와 조군의 흐뭇해하는 모습이 시선을 끈다. 그것도 거금 1천만 원이나 되는 장학증서를 들고 말이다. 서울대, 경북대 합격이라는 제목만으로도 '아! 두 곳이나 합격했구나'라는 기쁜 마음이 들었으나 기사를 읽어 내려가는 동안 무언가 불편한 느낌이 들었다.

울릉도 향토기업인 우정산업과 동도레미콘 회사는 오래전부터 불우이웃돕기와 장학금으로 매년 거금을 기부하여 울릉인들에게 칭송을 받고 있는 업체다. 지난달만 해도 장학금 2천만 원과 성금 5백만 원을 기부하였는데 또 기부하다니 놀라지 않을 수 없었다.

지난달 발표에는 조군에게 특별히 지급한다는 내용이 없었기에 조군에게 추가로 1천만 원을 지급한 줄 알았다. 어쨌건 5백만 원은 우정산업이 기부한 장학금 내에서, 추가 5백만 원은 동도레미콘이 기탁한 분에서 지급했다니 너무나 고마운 일이다.

지정장학금이 있고 특별지정 장학금 기준이 따로 있는지 알 수 없으나 기탁자가 어느 학생을 지정하여 울릉군교육발전위원회에 지급을 의뢰한다면 공평성에 대한 문제가 발생할 수 있을 것 같아 약간 걱정이 되었다. 차라리 기탁자 자신이 군이 위원회 이사장 명의를 빌리지 않고 직접 당사자에게 장학금을 전달했으면 어떠했을까? 위원회의 세부 선발 규정은 모르겠으나 지정 기탁의 원래의 의미는 어느 특정 '개인'이 아니라 국가와 울릉도에 도움이 되는 동량을 키우는데 필요한 '목적'에 초점이 맞춰져 있었을 것이다.

한익현 우정산업 대표가 "울릉도 출신으로 교육환경이 어려운 가운데 공부하기가 쉽지 않았을 것이다. 조군이 울릉도 인재로 성장하는데 조금이나마 도움이 되기를 바라는 마음에서 장학금을 지정기탁하게 됐다."고 말했다.

울릉도에 뛰어난 응용생물화학 전문가 필요해서, 아니면 치과의사가 필요해서, 차라리 울릉도라는 오지에서 서울대와 경북대 두 곳이나 합격하여 감격한 나머지 지정 기탁을 하게 되었다고 사유를 분명히 했으면 오히려 설득력이 더 있지 않았을까?

왜냐하면 특별지정을 받지 못한 다른 동료 대학생도 어려운 환경과 울릉도의 인재로 성장하는 데는 조군과 다를 바 없기 때문이다. 한 사장이 말하는 울릉도의 인재란 무엇일까? 인재의 개념을 어떻게 해석할지 뚜렷이 알 수 없으나 우정산업은 왜 조군을 지정하여 지급해줄 것을 요구했을까? 그것도 특별지정 장학금이란 이름으로.

울릉군 교육발전위원회 조례 제4조(사업) 2항은 '우수대학 진학자 장학금 지원'의 항목이 있는바 조군이 다른 학생들보다 배가 넘는 장학금(2016년도에는 일반대학생 1인당 4백만 원)을 받게 되는 이유가 단지 우수대학 진학자여서 그렇다는 것인지 썩 와 닿지 않아서다. 문제는 다른 학생들과 부모들이 이를 수긍할 수 있느냐는 데 문제가 있는 것 같아 걱정이 된다.

기탁자가 수혜자를 지정했다고 하여 교육위원회가 차등화된 장학금을 지급한다면 그에 상응하는 이유가 있어야 할 것이다. 서울대와 경북대에 동시 합격했다고 해서 조군만이 인재일 수는 없지 않은가? 또한 인재 양성에 도움이 된다는 이유만이라면 다른 학생들과의 형평성은 어떻게 될 것인지를 고려해야 할 것이다.

앞으로 기탁자가 위원회에 장학금을 출현하면서 원하는 학생을 지정하는 관례를 계속한다면 위원회에 굳이 기탁할 필요성이 없을 것이다.

'기탁자 명의 장학금'도 일종의 지정장학금의 대체 방법이라 할 수 있다. 위원회에 장학금을 기부하되 '특정한 사람'이 아닌 누구에게나 해당될 수 있는 '목적'에 합당한 학생이 혜택을 받을 수 있도록 위원회가 선정을 한 후 기탁자 명의로 지급하는 형태가 바람직할 것이다. 즉, 기탁자가 장학생을 지정해서는 아니 된다는 전제하에서 말이다. 울릉도가 필요로 하는 특수 목적에 부합되는 전공 학생에게 특별지정장학금을 지급하기로 했다면 어느 정도 이해할 수 있을 것이다. 그러나 좋은 뜻으로 거액을 기부한 기탁자가 왜 개인을 지정하여 장학금 지급을 요청하게 되었는지 그 이유가 명확하지 않아 궁금증을 자아낸다.

조군이 서울대를 지원했을 이유가 있었을 것이다. 사회에 나오면 즉시 안정적인 직장이 보장될 치의예과를 포기하고 응용생물화학과를 가기로 진로를 결정했다면 어땠을까? 서울대 응용생물화학부는 국제적 수준의 첨단 연구시설을 보유하고 있고 생화학, 분자생물학, 식물미생물학, 식물병리학, 환경미생물학, 생태학, 환경화학 등 최고의 두뇌들이 미개척 분야를 연구하고 배울 수 있는 훌륭한 공간을 제공하고 있다.

조군이 이런 곳에서 더 큰 꿈을 키울 수도 있었을 것이다. 과정이 쉽지는 않겠으나 울릉도가 만들어 낸 노벨상 수상자를 배출할 수 있는 좋은 기회가 될 수도 있었을 것이다.

조군이 서울대를 포기하고 경북대 치의예과로 진로를 결정했다고 했다. 서울의 강남에는 수많은 성형외과가 문전성시를 이룬다. 의사 모두가 머리가 좋고 공부도 잘해 의대를 나와도 외과나 내과보다 피부과나 성형외과를 선택하는 것이 다른 직업보다 돈을 많이 벌어서라고 한다. 의사의 직업을 폄훼하자는 뜻이 아니다. 치과의사 또한 같은 범주에 들어갈 것이다.

그러나 조군이 이미 치의예과를 선택한 이상 그의 의사를 존중한다. 가족들과 함께 수없이 토론하고 본인 자신도 엄청난 고민을 한 결과일 것이다.

조군처럼 머리 좋은 학생들이 치과의사가 되는 것이 울릉도의 훌륭한 인재라고 하여 특별대우를 받는다면 다른 학생들이 이를 어떻게 받아들일까? 울릉도 출신 치과의사 하나 만들려고 '특별지정 장학금'이라는 거창한 명목이 자칫 특혜로 비춰진다면 교육발전위원회의 위상은 나락으로 떨어지고 말 것이다.

눈 쌓인 몽돌의 추억

'내수전 전망대' 부근에서 관광객 한 명이 추락사했다는 것과 '성인봉' 하산 길에 일흔 살 넘은 노인이 눈 쌓인 산속에서 연락이 끊겼다는 소식이 동시에 나왔다. 엊그제 하루 이틀 사이 내 고향 울릉도에서 날아온 소식이다. 눈이었다. 바로 이 눈 때문에 한 분은 실족사한 것 같고 다른 한 분은 무리한 눈 속 산행으로 길을 잃어 아직도 행방을 모른다고 한다. 울릉도의 눈은 쩍쩍 달라붙는 두텁고 무거운 눈이다.

울릉도의 눈은 아름답기도 하지만 이렇게 사고를 불러오기도 한다. 모르긴 해도 제주도와 울릉도가 눈이 제일 많이 내리는 것으로 알려져 있는데 울릉도의 눈은 정말 엄청나다. '설국雪國'이라고 해도 과언이 아닐 만큼 줄기차게 내린다. 돌아가신 어머니의 얘기로는 내가 아주 어렸을 적에 2미터 가까운 눈이 내려 지붕 위로 길을 내어 다녔다고 한다.

어제 기상대의 예보대로 우리 동네에도 오늘 눈이 꽤 많이 내렸다. 몇 개월 동안 처박아두었던 먼지 묻은 카메라를 둘러메고 산책 겸해서 팔 당호 쪽을 다녀오기로 했다. 하늘은 온통 회색빛이고 건너 '하남' 쪽의 야산들은 아예 시야에 들어오지도 않는다. 물오리들만 옹기종기 모여 있을 뿐 자주 눈에 띄는 학이나 왜가리도 보이지 않는다. 콧등을 스치는 바람이 차갑긴 한데 미답의 눈 내리는 길을 걸으면서 아련한 옛날의 기억이 새로워진다.

울릉도의 아이들은 주로 대나무스키를 탄다. 스키라고 해봐야 왕대가 아닌 조릿대 몇 개를 이어 붙이고 앞부분이 위로 들리도록 불로 살짝 지져 만든 것이 고작이다. 이 스키로 앞 골목 뒷골목의 경사진 언덕을 수 없이 다닌다. 대학생이 되어서는 나무로 만든 군용 스키(군인들이 타던 것이라 해서 헤타이[兵隊]스키라고 불렸다)를 타고 '깍개등' 밭에서 재빨리 회전을 못해 소나무가지에 찔려 죽을 뻔했던 일이 지금도 새삼스럽다.

'사동'과 '저동'에는 노래자랑 대회인 '콩쿨대회'가 정월 보름 전후로 자주 열리곤 했다. 노래자랑이 끝난 후 '도동'으로 돌아오는 길은 미끄러웠다. 둥근 보름달과 하얀 눈이 어우러져 낮같이 훤히 밝혀주는 가운데 눈 쌓인 내리막길을 젊은이들이 서로 밀고 당기고 미끄러지면서 남녀 간의 장난기도 발동했었다. 일부러 밀고 넘어져도 그저 까르르 웃기만 했던 그 시절이었다. 지금은 모두 할머니가 되었을 젊은 시절의 여인들이 생각난다.

언제였던가 좋아했던 여자 친구와 함께 4~50센티미터의 깊은 눈 속을 한 발 한 발 내디디며 적막감이 돌던 산길을 걸었었다. 눈길을 헤쳐 나갔다고 해야 옳을 것이다. 그것도 눈 내리는 산길을 손을 꼭 잡고 걸었던 아련한 옛 추억이다. 보름달이 떠 있던 늦은 밤, 눈은 쉴 새 없이 쏟아지는데 여자 친구와 '사동' 해변으로 데이트를 떠났던 때가 떠오른다. 지금은 모두 사라지고 없지만 크고 둥근 그 많던 몽돌에 부딪히는 파도 소리는 지금도 엊그제 일인 양 내 귓전을 때린다.

눈 때문에 공연히 울적해졌나 보다. 55년 전, 보름달이 높이 뜬 바닷가 몽돌에 쌓였던 하얀 눈이 아직도 아른거림은 스무 살 내 청춘의 자화상은 아닐는지?

나는 울릉도 사내

홍상표 지음

발행처   도서출판 **청어**
발행인   이영철
영업   이동호
홍보   천성래
기획   남기환
편집   방세화
디자인   이수빈 | 김영은
제작이사 공병한
인쇄   두리터

등록   1999년 5월 3일
         (제321-3210000251001999000063호)

1판 1쇄 발행 2023년 3월 30일

주소   서울특별시 서초구 남부순환로 364길 8-15 동일빌딩 2층
대표전화 02-586-0477
팩시밀리 0303-0942-0478
홈페이지 www.chungeobook.com
E-mail   ppi20@hanmail.net

ISBN   979-11-6855-137-4(03070)